XUEQIAN TESHU ERTONG MOKUAIHUA
KECHENG TANSUO YU SHIJIAN YINGYONG

学前特殊儿童模块化课程探索与实践应用

袁玉翠 朱 艳◎著

安徽师范大学出版社
·芜湖·

图书在版编目(CIP)数据

学前特殊儿童模块化课程探索与实践应用 / 袁玉翠,朱艳著. —芜湖:安徽师范大学出版社,2019.3

ISBN 978-7-5676-3868-6

Ⅰ.①学… Ⅱ.①袁… ②朱… Ⅲ.①学前教育－特殊教育－教学研究 Ⅳ.①G764

中国版本图书馆CIP数据核字(2018)第274678号

学前特殊儿童模块化课程探索与实践应用

袁玉翠　朱　艳◎著

责任编辑:胡志立

装帧设计:张　玲

出版发行:安徽师范大学出版社

芜湖市九华南路189号安徽师范大学花津校区

网　　址:http://www.ahnupress.com/

发 行 部:0553-3883578　5910327　5910310(传真)

印　　刷:虎彩印艺股份有限公司

版　　次:2019年3月第1版

印　　次:2019年3月第1次印刷

规　　格:787mm ×1092 mm　　1/16

印　　张:15

字　　数:258千字

书　　号:ISBN 978-7-5676-3868-6

定　　价:79.00元

序 言

德国著名哲学家雅斯贝尔斯说："教育的本质是一棵树摇动另一棵树，一朵云推动另一朵云，一个灵魂唤醒另一个灵魂"。

世界上的每一个人都是一颗不一样的种子，都拥有最宝贵的生命，都会闪耀出七彩鲜活的生命之光。而这生命之光就是种子发芽、茁壮生长、开花结果的精彩瞬间不断的累积。这就是生命的成长。

这世上除了父母，老师是孩子成长的最大希望。老师的爱和教育坚守可以托起孩子的生命尊严，特殊的孩子，更需要特殊的爱和教育，他们的老师就是孩子世界里的那束白月光。如果说"白"象征着老师纯洁的模样和高贵的气质，那么"月光"则是寓意老师点亮了学生，也照亮了自己。

正如一首歌里唱的那样："因为你是我的眼，让我看见这世界就在我眼前。你是我的眼，带我领略四季的变换；你是我的眼，带我穿越拥挤的人潮；你是我的眼，带我阅读浩瀚的书海"，优美的旋律荡气回肠，委婉深情的歌词熨帖心灵、摇荡心旌……

发展特殊教育是推进教育公平、实现教育现代化的重要内容，是坚持以人为本理念、弘扬人道主义精神的重要举措，是保障和改善民生、构建社会主义和谐社会的重要任务。

早在2014年，教育部等七部门联合颁发的《特殊教育提升计划（2014—2016年）》就明确要求，各地要将残疾儿童学前教育纳入当地学前教育发展规划。支持普通幼儿园创造条件接收残疾儿童。支持特殊教育学校和有条件的儿童福利机构增设附属幼儿园（学前教育部）。坚持课程改革与教育教学改革同步。特殊教育教学要同时肩负传授文化知识、进行康复训练、培养职业能力的任务，最终使残疾儿童自立自强，实现生命价值，享受生活意义。

面对不同程度、不同特征的特殊儿童，仅有爱心还不够，更需要专业性帮助，把专业事交予专业人，让专业的人办专业的事，让特殊儿童有针对性地教育成长，这是特殊教育事业发展的需要，也是教育生命力的体现，更是特殊家庭的期许和特殊孩子的期盼。多年来，芜湖市培智学校坚持教科研兴校的发展方略，初心不改，执着深耕，不仅建立起了一支数量充足、结构合理、素质优良、富有爱心的特教教师队伍，而且也结出了教科研的一大批成果。

健全课程教材体系，深化特殊教育课程教学改革势在必行。注重培养学生自尊、自信、自立、自强的精神，注重学生的潜能开发和功能补偿。全面推进全纳教育，使每一个特殊儿童都能接受合适的教育。我们一直在努力！

芜湖市培智学校开展的“学前特殊儿童模块化课程模式的探索与实践应用”研究，是适应新时代教育改革与发展的现实需求，针对特殊儿童的身心发展特点，创造性地提出“四位一体、单元主题、康教结合”的特色教育理念，构建了一系列既有科学性，又有操作性的课程教学内容，找关系、见联系、成体系，丰富了学前特殊儿童的教育教学理论，具有较高的学术价值和实践指导意义。因此，该研究成果荣获2018年安徽省基础教育教学成果奖一等奖。这是全校教职员工长期致力于教科研工作可喜可贺的回报。

研究没有尽头，探索更无止境。新时代是奋斗者的时代，幸福都是奋斗出来的。习近平总书记指出，“历史只会眷顾坚定者、奋进者、搏击者，而不会等待犹豫者、懈怠者、畏难者”。

“九层之台，起于累土。”奋斗是幸福的，也是艰辛的、长期的、曲折的。走进新时代的芜湖教育，正全面开启加快教育现代化、打造宜学城市、建设教育名城的新征程。让我们共同奋斗，以习近平新时代中国特色社会主义思想为指引，坚持以人民为中心的发展思想，全面贯彻党的教育方针，落实立德树人的根本任务，努力谱写教育“奋进之笔”芜湖新篇章。

江 汛

2018年11月

目 录

绪 论

模块化课程的探索与实践——基于学前特殊儿童

经省教育厅审批，芜湖市培智学校申报的课题《学前孤独症儿童“康教结合”教学模式的探索研究》，被确定为2017年安徽省教育厅科学研究项目，项目编号JK17089，批准文号：安徽省教育厅皖教秘〔2017〕543号。芜湖市培智学校遵循《安徽省课题管理办法》的相关规定和要求，制定了具体的课题研究方案，认真开展研究工作，顺利完成了各项研究任务。

一、问题的提出

党和国家历来高度重视学前特殊儿童教育的发展，2014年1月，国务院办公厅转发了教育部等七部门联合发布的《特殊教育提升计划（2014—2016年）》，这是深入实施《国家中长期教育改革和发展规划纲要（2010—2020年）》（以下简称《纲要》），加快推进特殊教育发展，大力提升特殊教育水平，切实保障残疾人受教育权利的重要体现。《纲要》将“特殊教育”单列一章，提出“关心和支持特殊教育”“完善特殊教育体系”，提出“因地制宜发展残疾儿童学前教育”。2017年7月28日，为全面贯彻党中央、国务院关于办好特殊教育的要求，落实《国家教育事业发展“十三五”规划》《“十三五”加快残疾人小康进程规划纲要》，进一步提升特殊教育水平，教育部等七部门联合发布了《第二期特殊教育提升计划

（2017—2020年）》，指出要加大力度发展残疾儿童学前教育，促进医教结合，建立多部门合作机制，提高残疾学生评估鉴定、入学安置、教育教学、康复训练的有效性。

我国残障儿童有相当数量，受教育是《世界儿童权利宣言》和我国宪法赋予他们的权利。特殊教育也是帮助他们走进社会、独立生活的必要途径。根据第二次全国残疾人抽样调查显示，中国目前0—6岁残疾儿童约167.8万人，约占全国残疾人总数的19.5%，约占全国儿童总数的3%，每年新增残疾儿童19.9万人。实践证明，对学前特殊儿童适时开展有效的教育康复，是提高幼儿各项技能、帮助其融入社会的有效途径，也是必由之路。

经李克强总理签批，国务院印发《关于建立残疾儿童康复救助制度的意见》（以下简称《意见》），决定自2018年10月1日起全面实施残疾儿童康复救助制度。《意见》指出，要以习近平新时代中国特色社会主义思想为指导，全面深入贯彻党的十九大和十九届二中、三中全会精神，认真落实党中央、国务院决策部署，按照兜底线、织密网、建机制的要求，着力保障残疾儿童基本康复服务需求。到2020年，建立与全面建成小康社会目标相适应的残疾儿童康复救助制度体系，基本实现残疾儿童应救尽救；到2025年，残疾儿童康复救助制度体系更加健全完善，残疾儿童普遍享有基本康复服务，健康成长、全面发展权益得到有效保障。《意见》明确了残疾儿童康复"救助对象为符合条件的0—6岁视力、听力、言语、肢体、智力等残疾儿童和孤独症儿童，具体包括城乡最低生活保障家庭、建档立卡贫困户家庭的残疾儿童和儿童福利机构收留抚养的残疾儿童；残疾孤儿、纳入特困人员供养范围的残疾儿童；其他经济困难家庭的残疾儿童。"

张海迪说："儿童是祖国的花朵，也是我们的未来，每个孩子的成长都需要家庭、学校和社会的关怀和支持，而我们要给残疾孩子更多的关爱和帮助。"残疾儿童由于身心障碍差异的多样性和复杂性，在进行教育康复的时候，需要针对幼儿的特点进行有针对性的训练，如进行认知训练时，有些幼儿还需要辅以感知觉、注意力、运动、言语语言等康复性训练。

早期干预是广义的特殊需求支持服务，指一种有组织、有目的的在丰富环境中进行的医疗、保健、康复、心理、教育，家庭、学校、社会多学科多元整合团队的介入支持服务。一般早期干预特指对0—3岁特殊幼儿的服务，根据《关于建立残疾儿童康复救助制度的意见》的要求，结合安徽省抢救性康复的年龄范围和芜湖市培智学校康复部幼儿的年龄特点，芜湖市培智学校实施的早期干预主要针对0—3岁、3—6岁，并延长至10岁的学前特殊儿童（身心障碍儿童、发展迟缓儿童、孤独症儿童）。

一般情况下，残联系统多用“康复训练”，教育系统多用“教育培养”。在日常运用中，有关技能性、功能性的多用“康复”，而规范、认知的培养多用“教育”。本书侧重于教育支持和康复支持，教、康联系紧密，提供促进发展的课程，采用集体、小组、个别的教学组织，以单元主题为网络设计教学活动，实施教学方法与策略，创设教学情景，辅以运动康复、情绪治疗、言语康复等。在研究中，我们也发现学前特殊儿童早期教育、康复的需求普遍存在且很迫切。有专家研究认为，儿童的潜在能力存在一种递减规律，具有100分能力的人，若从5岁开始教育，即使是很理想的教育，也只能成为具有80分能力的人；若从10岁开始教育，只能成为具有60分能力的人。换言之，教育越晚，潜在能力发挥的比例就越小。所以，不失时机地进行早期干预与训练，对学前特殊儿童及其家庭，乃至整个社会都有着重要意义。

目前，国内学前特殊儿童教育的现状如下：一是药物仅能控制一些症状，不能改变基本病程，对特殊儿童尤其是智障儿童和孤独症儿童的治疗无明显成效。二是一些学校和机构只强调部分技能习得的训练，而非整体活动的完成。三是教学内容组织无序，针对性较为单一，忽略儿童社交能力和生活能力的康复。四是有效课程实施困难多，存在实施的教学与生活实际脱节现象，孩子习得的能力泛化困难。

我国特殊儿童及其家庭，急需早期干预服务，以抓住成长发展的关键期、奠基期的机遇。在多年的实践与课题的研究中，针对学前特殊儿童教学课程体系不完善的问题，芜湖市培智学校2004年9月至2010年8月开展“康教结合”教学理念下的“四位一体、单元主题”模块化课程研究（学前特殊儿童模块化课程体系见下图），并于2010年8月至2018年3月通过实践检验，效果良好。

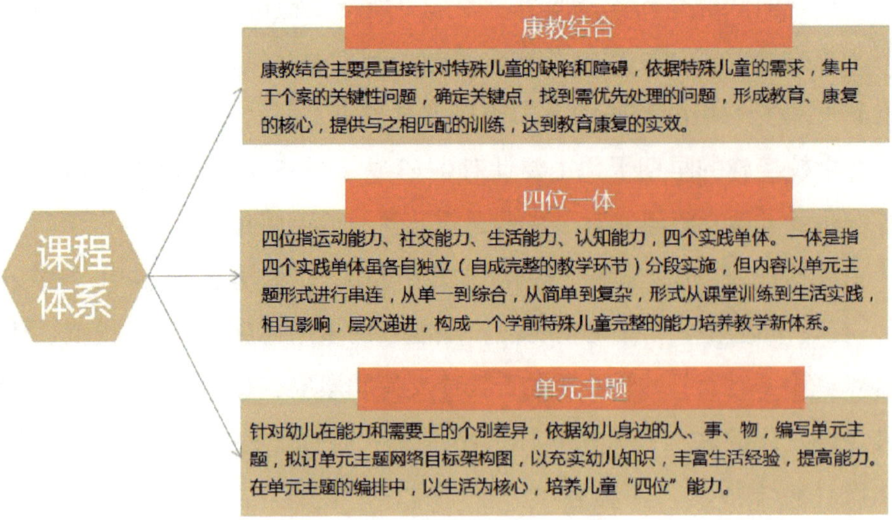

学前特殊儿童模块化课程体系

二、理论依据

（一）心理学

儿童心理学是研究儿童心理发展规律和特点的科学，揭示儿童心理发展的原因和机制，核心是“发展”。在模块化课程体系的探索与实践中，我们的着眼点也应主要放在儿童的发展上。

1. 行为主义理论

行为主义学习理论是指运用行为主义的理论和方法研究学习的一种心理学流派。行为主义者认为学习是刺激与反应之间的联结，人类的思维是与外界环境相互作用的结果，即“刺激—反应”，刺激和反应之间通过强化联结。行为主义理论把“强化”看作是程序教学的核心，认为通过对环境的“操作”和对行为的“积极强化”，任何行为都能被创造、设计、塑造和改变；也只有通过强化，才能形成最佳的学习环境，才能增强儿童的学习动力。小步子、及时强化、自定步调等是行为主义学习理论教学的基本原则。要把学习内容按其内在逻辑关系分割成许多细小的单元，能使强化的频率被最大限度地提高，将出错带来的消极影响降到最低。让特殊儿童对每一单元的学习内容都作出积极反应，以保持强烈的学习动机。当幼儿作出反应后，对幼儿的反应给予“及时强化”或“及时确认”，以提高其操作能力，其基本假设是：行为是学习者对环境刺激所做出的反应。他们把环境看成是刺激，把伴而随之的有机体行为看作是反应，认为所有行为都是习得的。行为主义学习理论应用在学校教育实践上，就是要求教师掌握塑造和矫正学生行为的方法，为学生创设一种环境，尽可能在最大程度上强化学生的合适行为，消除不合适行为，强调那些影响人类行为的客观的、可观察到的内容。行为主义学习理论在特殊教育中运用广泛，ABA（应用行为分析）运用在特殊儿童尤其是孤独症儿童的积极行为支持上，在小步子教学、工作分析上也被广泛运用。该理论是本书学前特殊儿童模块化课程编制、目标叙写、教学策略等的重要依据。

2. 认知发展理论

智慧发展的阶段是皮亚杰理论中十分重要的内容，也是皮亚杰的一个杰出贡献。正是这一阶段理论，向我们揭示了儿童智慧与成人的不同之处。皮亚杰提出了人类认知的四个阶段：感知运动阶段（从初生到2岁）、前运算阶段（2—7岁）、具体运算阶段（7—11岁）和形式运算阶段（12—13岁至成人）。

感知运动阶段（从初生到2岁）：这一阶段是智力的萌芽期，是儿童以后发展的基础。这时的儿童只能依靠自己的肌肉动作和感觉来应付外界事物，动作只能表现为外部的表现活动，尚未内化，还不能在头脑中进行。这个阶段幼儿是利用感知和动作去征服其周围世界的。前运算阶段（约2—7岁），指的是幼儿处于运算之前并为运算作准备的阶段。这一时期的儿童只能进行表象思维。

皮亚杰认为儿童智慧的发展是有阶段的，而且所有阶段的智慧机能都是一致的。该理论对本书模块化课程内容的编写、课程评量、教育诊断、教学活动设计、康复训练的设计等提供了理论的启示和运作实践的思考。第二章“初级训练计划手册”就是依据幼儿的发展阶段性特征编制的。

3. 人本主义理论

人本主义心理学认为，人是自然实体而非社会实体。人性来自天然，自然人性即人的本性，凡是有机体都具有一定内在倾向，即以有助于维持和增强有机体的方式来发展自我的潜能，强调人的基本需要都是由人的潜能决定的。认为生理的、安全的、尊重的、归属的、自我实现的需要就是人类的本能，它们是天赋的基本需要。人本主义心理学认为只有当人的基本需要得到满足以后，才能向更高层次需要发展，其最高层次是达到人的自我实现。当代特殊教育根据人本主义心理学的思想，提出充分满足有特殊教育需要儿童的需求，帮助儿童建立积极的自我观念，对儿童表达出爱和尊重，儿童的潜力就能最大限度地得到发展。人本主义认为，学习应该是有意义、学习者主动参与、全身心投入的积极的自我评价过程，而非简单的S-R联结，也不仅仅是新旧知识经验之间的关系；有意义的学习是“做中学”的，即学生亲身扮演各种角色获得的体验；学习过程应始终以人为本，重视学习者的愿望、情感、需要、价值观等，相信学生能自己教育自己，最终自我实现。人本主义强调学习过程中非智力因素的作用，主张在教育过程中教师要尊重学生，与学生建立良好的人际关系；创造良好的学习环境；依据儿童的情感和需要，帮助儿童了解自己，发展自己的潜能，最终达到自我实现的目的。重视儿童的主体作用，强调教育的内在价值，强调利用教育促进儿童个性化，培养儿童完整的人格来达到自我实现。在我们课程的实践中，这些思想的有效性得到了充分验证。在课程的实施过程中满足每个特殊儿童的需要开展个别化教育与教学，也充分表达了对人的尊重和教育的公正、公平。

（二）早期教育观

1.多元智能理论

霍华德·加德纳是哈佛教育研究院的一名教授，他认为并不存在一种普遍的智力，智力是多元的，因此他的理论被称为多元智能理论。他提出了七种不同智能：言语智能、逻辑数学智能、音乐智能、身体运动智能、空间智能、人际交往智能和内省智能。多元智力的理论体现了两个原则，一是每个人都具有这些智力潜能，每个人都能根据自己的倾向和文化偏好去开发它；二是每个人都具有独特的智力组合，要善于利用每个人的天赋特性。这里强调了生物潜能与文化环境相互作用的重要性。另外，多元智能理论还告诉我们，每个儿童的智力是有差异和特殊性的，这对特殊教育课程改革的启示是：不仅使学生的优势智能领域得到最大限度的发展，而且要使弱势智能领域尽可能得到弥补。在进行课程内容设计时，要充分考虑儿童的智能特点，使不同课程之间互相联系，融会贯通，增强儿童最大限度发挥其智能潜能的可能性。课程编写要进一步面向儿童，面向生活，这为我们制定和提出模块化课程体系提供了理论依据，也推动了学校的教育和教学改革。

2. 关键期又称敏感期理论

在人的成长发展中，语言发展、动作发展、智力发展等均存在关键期。关键期多处于学前阶段，把握了关键期就把握了儿童某项能力发展的良机。在学前给予儿童相适应的教育，则儿童身心发展的空间大、速度快，效果更加明显。而关键期的教育成长是儿童终身发展的重要奠基，影响着儿童一生的成长与发展。对特殊儿童来说，与时间赛跑的早期教育、干预、康复，争取到的是希望，避免的是障碍恶化，甚至是不可逆的颓势。这充分说明了“学前”课程体系提出的必要性和重要性。

3. 支持理论

儿童的成长、发展总是与环境教育密切相关，两者相互影响，相辅相成。儿童成长有赖于并改变着环境和教育。教育本身属于一种介入式支持行为，同时注意家庭和社会支持，提倡多学科跨专业团队的支持。当我们给儿童恰当的支持协助，实质上可以从一个侧面降低儿童的障碍度。可以说，儿童的成长发展是与环境的适宜支持分不开的。

4. 生活教育理论

杜威指出：“学校必须呈现现在的生活，即对于儿童来说是真实而生机勃勃的生活。像他在家庭里、在邻里间、在运动场上所经历的生活那样。”我国伟大的教育家陶行知先生批判地继承和发展了杜威的生活教育理论，提出了“生活即教育”理论。教育是人的生活本身，生活即教育，即教学以生活为中心，生活需要什么就教什么。正常儿童在其生长过程中可以自然习得的各种基本生活能力，特殊儿童均需要强化学习才能获得。因此，课程体系中每个单元主题网络的制定都与生活有着紧密的联系。

三、课程体系的特点

（一）源于实践的提炼

学前特殊儿童模块化课程体系源于大量的实践，是从学前特殊儿童教育康复的广泛性问题、关键重点问题及教育康复的困难问题的思考和破解中分析、判断而形成的成果。

（二）源于理论的多元性建设

学前特殊儿童模块化课程体系理论背景丰富，广收博采，体现了多元理论建设。课程建构除系统化、结构化以外，还有对阶段性身心特点的深入认识和了解，既直面问题障碍，又考虑支持给予的正面协助带来的可能和改变。

（三）以有效性为目的导向的课程

课程实行目标控制，以有效性为目的导向的课程，不止于理论的分析而力图形成相关的体系：康教结合——四位一体——单元主题，通过课程体系凝炼指导学前特殊儿童的教育康复实践，因此大量的实践运用是本课程体系的重要特点。

四、课程体系的内涵

芜湖市培智学校坚持“育人为本、全面发展、促进公平、提高质量”的教育理念，经历探索期、成长期、成熟期、检验期，形成并确立了“康教结合 四位一体 单元主题”的学前特殊儿童模块化课程体系。

（一）“康教结合”，确立特殊教育新理念

世界卫生组织（WHO）医疗康复专家委员会（1981）对康复的定义为：“康复是指应用各种有用的措施以减轻残疾的影响和使残疾人融入社

会。”康复不仅是指训练残疾人使其适应周围的环境，而且也指调整残疾人周围的环境和社会条件以利于他们重返社会。”联合国在1993年的一份正式文件中提出：“康复是一个促使残疾人身体的、感官的、智能的、精神的和社会生活的功能达到和保持在力所能及的最佳水平的过程，从而能使他们借助于一些措施和手段，改变其生活而增强自立能力。”儿童康复是应用各种措施尽量减轻儿童在生理（身体）、心理（精神）、行为等方面的功能障碍或缺失，最大限度地缩小与健康儿童之间的差距，使其在吃饭、穿衣、读书及其他日常生活活动方面，达到最大的能力。

在课程探索与实践中，芜湖市培智学校坚持康教结合，确立特殊教育新理念。充分发挥康复训练的优势，结合课程开发，形成以康复训练和课程教学为理念指导的核心课程体系。针对特殊儿童的缺陷和障碍，依据特殊儿童的需求，集中于个案的关键性问题，确定关键点，找到需优先处理的问题，形成教育、康复的核心，提供与之相匹配的康复训练，达到教育康复的实效。

康复培训流程

在课程体系的实践过程中，编写有《初级训练计划手册》，主要包含粗大运动、精细操作、感知、生活自理、语言表达和理解等方面的能力发展要求，在训练实施阶段与课程教学紧密连接。

（二）“四位一体”，构建特教课程新体系

“四位”指运动能力、社交能力、生活能力、认知能力这四个实践单体。“一体”是指四个实践单体虽各自独立（自成完整的教学环节），分段实施，但内容以单元主题形式进行串联，从单一到综合，从简单到复杂，形式上从课堂训练到生活实践，相互影响，层次递进，构成了学前特殊儿童完整的能力培养教学新体系。

“四位一体”明确了学前特殊儿童的课程内涵，课程体现学前特殊儿童的发展性特征，以普通儿童发展性课程为基础，结合特殊儿童的特点，关注特殊儿童的障碍、缺陷的补偿，潜能的发掘与运用，为特殊儿童个别化需求提供有效服务。在课程设置中考虑儿童的发展需求、社会需求，根据所秉持的儿童教育的成长理论，依据标准化儿童发展成长量表和制定的《初级训练计划手册》，帮助幼儿提高大运动、精细运动、认知、语言、生活自理方面能力的发展。构建运动、社交、生活、认知的“四位一体”模块式课程体系，依据标准化儿童发展成长量表，从单一到立体，从课堂训练到生活实践，芜湖市培智学校创新性地建立了学前特殊儿童能力培养课程体系。

（三）“单元主题”，提高特教课程新效益

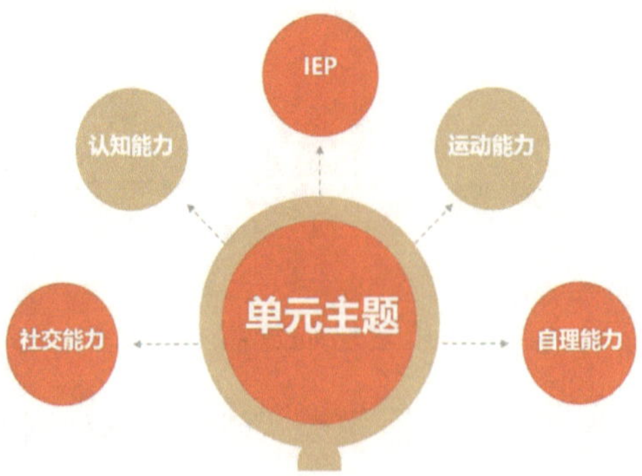

为满足特殊儿童的各种需求，学校课程呈现多元化。有结合各类课程特点而按障碍类别划分的智障儿童课程、孤独症儿童课程，也有针对障碍提供相关服务的感觉统合训练、语言训练、蒙氏训练、音乐治疗、艺术治

疗等课程。具体见下图。

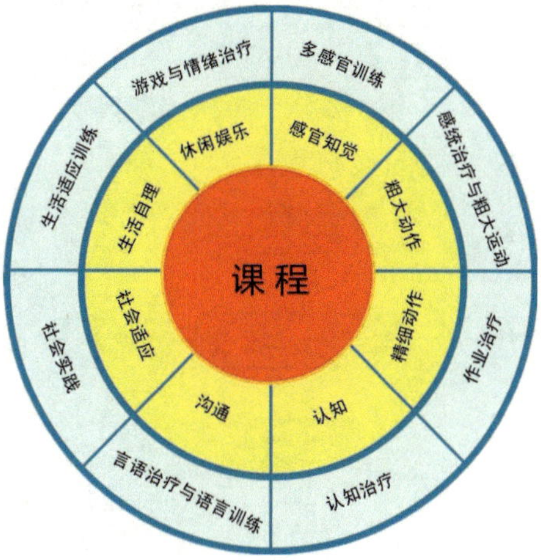

所有的课程通过单元主题进行串联。一是通过单元主题选择的生活化，活动主题网络预成与生成相结合、活动目标制定的多维化，活动情景创设的多样化等途径实现各个课程的融合。在尊重儿童兴趣、需要、能力的基础上，以具有核心意义的主题为线索建构主题生成网络目标，以此组织教学，引导幼儿发展，如本书中以芜湖的衣食住行生成的单元主题，以一年四季的变化生成的单元主题等。二是体现以生活化（L）、个别化（I）、功能性（F）、生态化（E）的成长“L · I · F · E”原则（Life），针对幼儿在能力和需要上的个别差异，在单元主题的编排中，以生活为核心，依据幼儿身边的人、事、物，编写单元主题，拟订单元主题网络目标架构图，以丰富幼儿的知识面和生活经验，提高幼儿的综合能力。

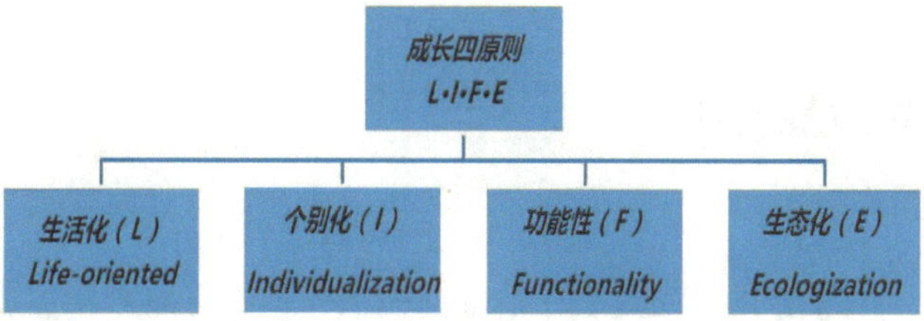

通过建立单元化、具有核心意义的主题课程，生成网络目标，丰富生活经验，启发幼儿学习，提高学习能力，有效支撑“四位一体”模块化课程体系的实施，下图是以“我是芜湖美食家”为主题的四位一体模块化网络体系。

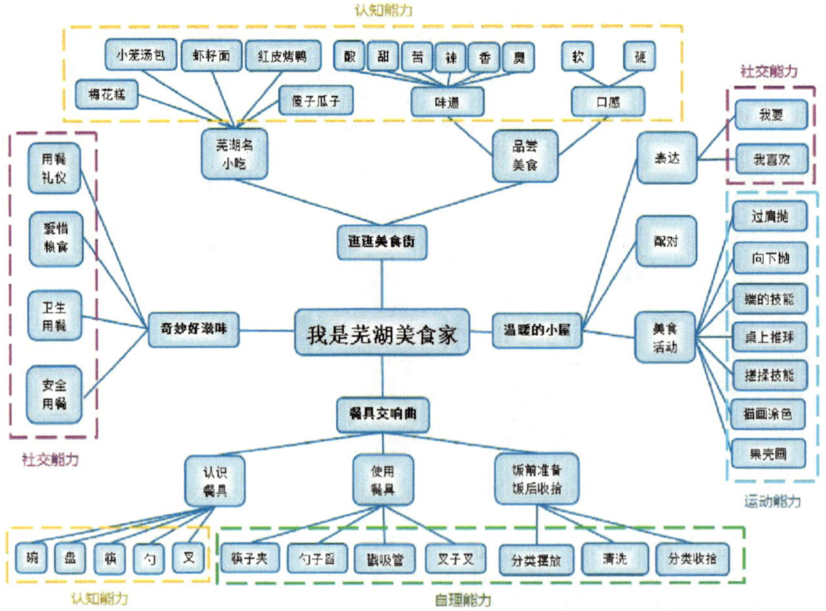

教育中秉承全人格教育观，即要看到特殊儿童是潜能与缺陷共存，共性与个性共存的整合体，关注其优势与所能，也关注其缺陷与不能，采用多感官、多渠道、小步子、螺旋式、多重复的方法，以情景化生态教育和以家庭为核心的教育，主张及时反馈、给予强化，提倡积极的行为支持，以追求儿童生活的丰富与充实，追求生活品质。在设置单元主题时，遵循儿童至上原则，即不管是智障儿童还是孤独症儿童，他们首先是人、是儿童，其次才是特殊需求儿童。

五、解决问题的过程与方法

（一）解决问题的过程

第一阶段：探索期（2004年9月—2006年7月）

2004年，芜湖市培智学校组织教师赴江津市向阳儿童发展中心参加“第八期弱智教育咨询教师工作营”研习。主讲教师是方武、李宝珍，内容有“弱智教育课程规划”“个别化教育计划之拟订”“教学设计”“班级管理”等。同年9月，组成团队，成立少儿康复中心，开设个别训练、体能训练、生活训练、单元教学。自此开启了“康教结合”教学理念下的“四位一体、单元主题”模块化课程体系探索，形成了课程体系的雏形，有了连续性实验资料，探索期历时两年。

第二阶段：成长期（2006年8月—2010年8月）

经过专家的指导和与同行的交流，“少儿康复中心”形成了“康教结合”教学理念下的“四位一体、单元主题”模块化课程体系。针对特殊儿童的缺陷和障碍，依据特殊儿童的需求，开展感统训练、精细训练等。集中于个案的关键性问题，找到需优先处理的问题，形成教育、康复的核心，为每位儿童建立档案，以个性化的教育服务好每一位特殊儿童。同时，开展单元主题网络图分析、目标配入等，以推动课程体系的完善和发展。

第三阶段：成熟期（2010年8月—2017年8月）

成熟期就课程的理论提升和实践应用进一步探讨，拓展了“康教结合”“四位一体”“单元主题”的联系，探讨真正含义上的学前特殊儿童模块化课程体系，运用符合时代精神的新的教育观念，关注“康教结合”的结合点。期间，通过听取专家讲座，评点课程，进行反思总结，撰写读书笔记，并出版有幼儿康复系列丛书，同时有五篇论文获奖。

第四阶段：检验期（2013年9月—2018年3月）

为实现共学、共研、共享、共提升的目标，保证课程的有效性和实践性、推广性，芜湖市培智学校与陕西渭南市特殊教育学校、安徽省宁国市特殊教育学校、安徽省安庆市潜山市特殊教育学校、安徽省芜湖市无为县特殊教育学校组建学前康复发展共同体，效果显著。

（二）解决问题的方法

（1）文献法：学习国家教育方针、政策，体现时代精神和素质教育的核心理念，相关特殊教育的书籍、专著和论文等。

（2）观察法：观察并了解特殊儿童的学习特点，分析其优劣势。

（3）问卷法：了解特殊儿童发育史和生长史，家长的期望值等。

（4）实验法：一组是儿童自身对比，分析初期、中期、末期数据；另一组开展儿童之间对比，通过有意识地改变某个条件来证明课程的有效性。

（5）行动研究法：利用在实验研究过程中积累起来的第一手资料，分析概括现象，选择代表性的总结对象，正确区分现象与本质，得出规律性的结论，写好个案反思并使之有推广价值。

（6）案例研究法：通过对特殊儿童的个案进行分析研究。

六、成果与反思

（一）教学实践成果

1. 尊重每一位特殊儿童的差异，为每个幼儿建立个人档案

坚持“一人一案”，以个性化的教育服务好每一位特殊儿童。首先，做到“一人一案，八案成档”。“八案”即每个档案盒中包括“八个一”：一份安置协议，一份医学诊断鉴定，一份学生目标评估表，一份康复训练档案，一份个人成长档案，一份家庭康复训练指导材料，一份个训记录和一份教育教学计划。其次，每位教师都要熟悉特殊儿童的鉴别与诊断、教育评估的方法及过程，并会制定个别化教育计划。安徽省教育厅金燕同志对我校的学前特殊儿童课程体系和“一人一案”的做法给予了充分肯定。

2. 了解每一位特殊儿童，开发并出版幼儿康复系列丛书

在积极探索与实践课程体系的过程中，团队开发了幼儿康复系列丛书，其中三本由袁玉翠主编的《幼儿手工教程》《幼儿康复教师教学活动手册》《幼儿小肌肉训练手册》已经由安徽师范大学出版社正式出版。其他康

复系列丛书《幼儿社交故事》《幼儿社交游戏》《幼儿基本生活认知》《幼儿大运动训练手册》《幼儿生活自理系统训练》《幼儿视觉注意力追踪训练》《幼儿结构化教具操作指南》《幼儿单元教学》已经编写完成，也即将正式出版。

3.教好每一位特殊儿童，康复效果显著

在使用这套课程体系中，儿童的康复效果显著，得到了家长和社会的充分肯定。教好每一位特殊儿童，芜湖市培智学校康复部招收3—10岁的孤独症儿童和智障儿童，目前共有11名孤独症儿童因为教育康复效果明显，进入了普通小学和普通幼儿园学习，顺利融入社会，其他特殊儿童也将分别进入特教学校就读，无一例失学。

十三届全国政协常委兼副秘书长、民进中央副主席朱永新对学校的发展水平和课程体系给予充分肯定：“孩子们在使用这套课程体系后，无论是智力发育水平还是生活自理能力都有较大提高，有示范引领作用。”

4.实现家校合作共育，让每一位家长获益

引导家长积极、科学、有效地参与康复和教育过程，重视家长工作一直是学校工作的特色。在课程的探索与实践过程中，学校编印了《孤独症儿童家庭训练指导手册》《康复训练系列——如何指导家长开展感统训练》《家庭康复训练系列——语言训练操》等系列教材。家长在与教师共同施教的过程中提高了教育康复的观念和方法，增强了育儿信心，更有力地促进了孩子的教育和康复。

在课程的推广使用过程中，有家长这样说："学校编写的教育康复系列丛书，内容丰富细致，图片清晰，可见编写教师的用心良苦。而且，这几本书中，老师所用的教具几乎都是日常生活中比较容易买到的，器具的使用方法新颖独特、出其不意，孩子很感兴趣，既锻炼了孩子的手眼协调，又锻炼了孩子的注意力。一举多得，贴近生活，非常实用!"还有家长说："康复部对学生设计的教育康复课程科学合理，有静有动，孩子很喜欢，家长很满意。设计的各科能相互配合，课间操编排的也非常好，一学期下来，孩子有了很大的进步，会静坐等待，会模仿，会交流互动游戏……"

5.课程引领，教师专业化成长迅速

课程引领，教师专业化成长迅速，学校先后完成了三项省级课题和一项市级课题。三项省级课题分别为：安徽省教育科学规划课题《小学阶段中重度智障新生学校生活适应等问题研究》(JG10383)；安徽省教育科学规划课题《激发学前自闭儿童主动社交的行为策略研究》(JG12440)；安徽省教育科学规划课题《学前孤独儿童"康教结合"教学模式的探索研究》(JK17089)。一项市级课题为芜湖市教育科学研究重点项目《学前阶段单元主题式生活化教学研究》(AK15)，教科研成果显著。2016年《安徽残疾人》第二期对学校进行专访，并撰写文章《公办，教科研探索者与标杆树立者》，以此充分肯定了学校的课程体系设计。通过课程体系的探索与实践，既重点培训了特教骨干，全方位培训了康复专业教师，提高了教师们的专业技能和专业素养，又使学校学前特殊儿童康复的技术队伍具有一定的技术支撑，能够较好地担起了芜湖市学前特殊儿童的康复任务，并辅导学生在各类比赛中获奖。

（二）反思

本书提出"康教结合"教学理念下的"四位一体""单元主题"模块化

课程的理念与体系，针对学前特殊儿童的课程建设，从教学内容、教学方法、教学手段、教材建设等方面进行了全方位的探索与实践，成果具有一定的示范性作用，所提出的观点和理念对于残疾儿童的学前教育具有参考意义和推广价值。

教学改革是一个永恒的主题，虽然我们取得的成效显著，但也还存在待完善之处，需要经过不懈努力，才能让更多的特殊儿童受益。目前，国家大力发展学前教育，提出办好特殊教育，在今后的实践中，我们将对成果持续改进，力求做到更细更实，不断推动特殊教育事业又好又快的发展。

第一章　单元主题及大纲

主题网络图呈现本单元主题的内容层次及课程发展、延伸的脉络。

每学期安排四个单元，每个单元拟订单元大纲，根据幼儿能力分为高、中、低三组，每组要求各有侧重点。涉及四方面内容：运动能力、社交能力、生活能力、认知能力。

一、单元主题：认识自己

（一）主题网络图

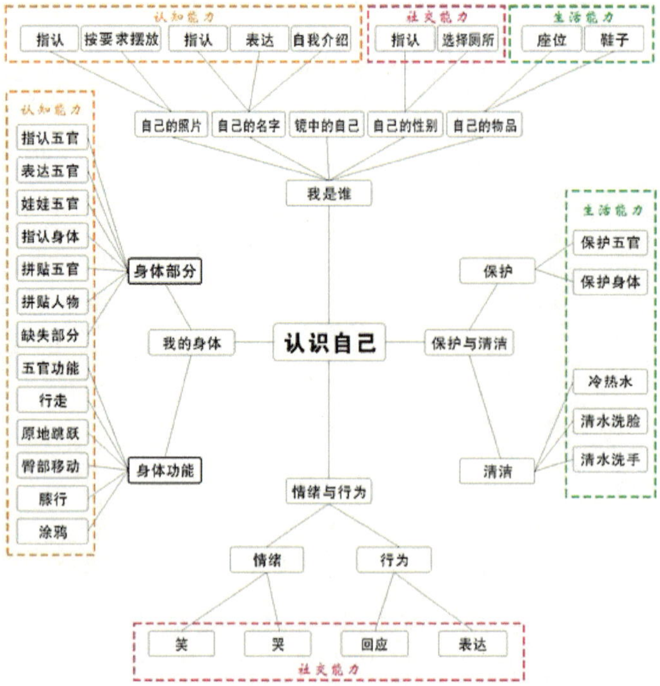

（二）单元大纲

	分组		
	高	中	低
1.认识自己——我是谁			
(1)叫到自己的名字有反应			
(2)认识镜中的自己			
(3)找到自己的照片			
(4)找出写有自己姓名的字卡			
(5)说出自己的姓名			
(6)说出自己的性别			
(7)找到自己的性别图片			
(8)正确找到适合的厕所			
2.认识自己的身体			
(1)听指令指认自己身体的主要部分			
(2)边指边说出自己身体的主要部分			
(3)会模仿做手指操			
(4)会跟着音乐做律动			
(5)拼贴五官			
3.认识自己的关联物品			
(1)找到自己的座椅			
(2)找到自己的班级			
(3)把自己的鞋子放到自己的储物格内			
4.认识人的情绪变化			
(1)学习表达自己的情感:高兴→笑脸			
(2)学习表达自己的情感:伤心→哭脸			
5.学会保护与清洁			
(1)会用清水洗手			
(2)会用清水洗脸			
(3)辨别热水、冷水			

二、单元主题：美丽的秋天

（一）主题网络图

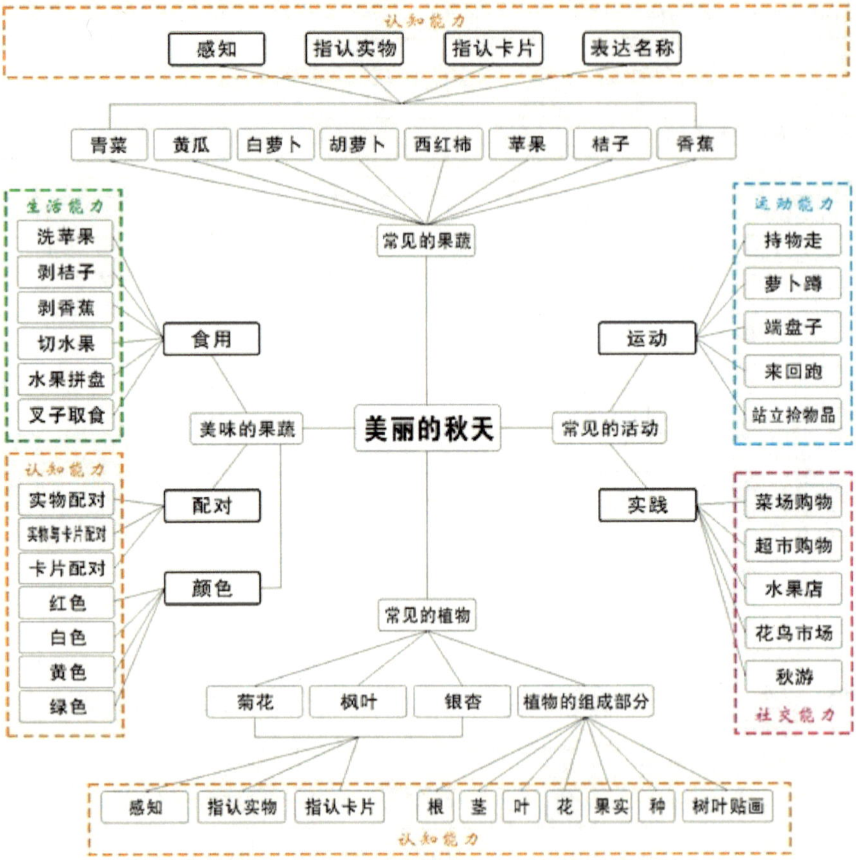

（二）单元大纲

	分组		
	高	中	低
1.认识常见水果			
(1)认识苹果			
(2)认识橘子			
(3)认识香蕉			
2.认识秋天常见植物			
(1)认识菊花			
(2)认识银杏树叶			
(3)认识枫叶			
(4)初步认识植物的根、茎、叶、花朵、果实、种子			
3.认识秋天常见蔬菜			
(1)认识黄瓜			
(2)认识西红柿			
(3)认识白萝卜			
(4)认识胡萝卜			
(5)认识青菜			
4.认识常见颜色			
(1)认识红颜色			
(2)认识黄颜色			
(3)认识白颜色			
(4)认识绿颜色			
5.学习吃水果的技能			
(1)会剥香蕉皮			
(2)会剥橘子皮			
(3)会洗苹果			
(4)会用叉子或牙签吃水果			
6.学习与制作			
(1)会用树叶制作树叶画			
(2)会做简单的水果拼盘			

三、单元主题：我的家

（一）主题网络图

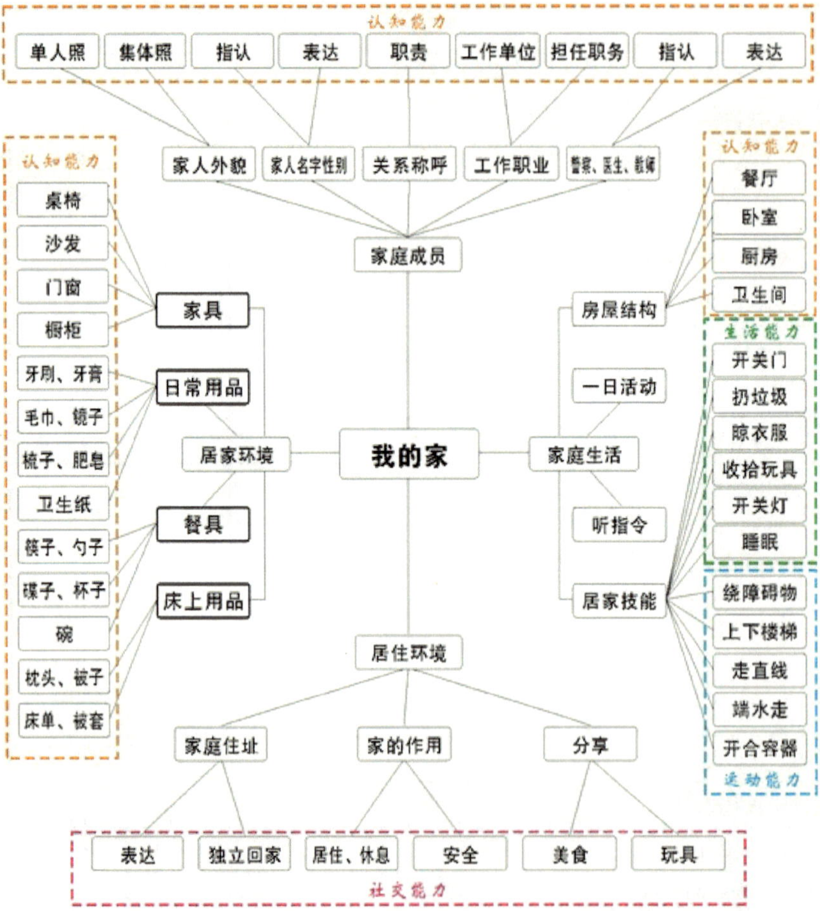

（二）单元大纲

	分组		
	高	中	低
1.认识自己居住的地方			
（1）认识“家”的作用：家是自己与家人居住和休息的地方			
（2）从家门附近找到自己的家			
（3）能说出家庭地址			
2.认识家庭成员			
（1）认识家庭成员的样貌（爸爸、妈妈、兄弟姐妹、爷爷、奶奶）			
（2）认识家庭成员与自己的关系及称呼			
（3）认识家庭成员的角色特征及职责			
（4）认识家庭成员的姓名及性别			
（5）说出爸爸、妈妈的工作单位及职业			
（6）认识警察、医生、教师的职业特征			
3.认识家庭			
（1）认识在家中一天的活动			
（2）认识家的基本结构及功能（餐厅、卧室、厨房、卫生间）			
（3）叫自己的名字有反应			
（4）能与家庭成员分享美食与玩具			
（5）能听从简单指令			
（6）能独立上下楼梯			
（7）能做简单的家务（开关门窗、扔垃圾、晾衣服等）			
（8）能端茶倒水			
4.认识基本家具（桌椅、沙发、门、窗、橱柜）			
5.认识常用餐具（勺子、筷子、碗、杯子、碟子）			
6.认识常用床上用品（枕头、床单、被套）			
7.认识常用梳洗用品（牙刷、牙膏、毛巾、镜子、梳子、肥皂、卫生纸）			
8.认识常见家用电器（电视、冰箱、洗衣机、空调）			
（1）能描画或涂色一幅家用电器图			
（2）常用家电的使用方法			
（3）用电、用火安全			
9.家居安全			
（1）能去亲友家做客并遵守规则			
（2）注意家居安全			
（3）能与认识的人主动打招呼			

四、单元主题：快乐的节日

（一）主题网络图

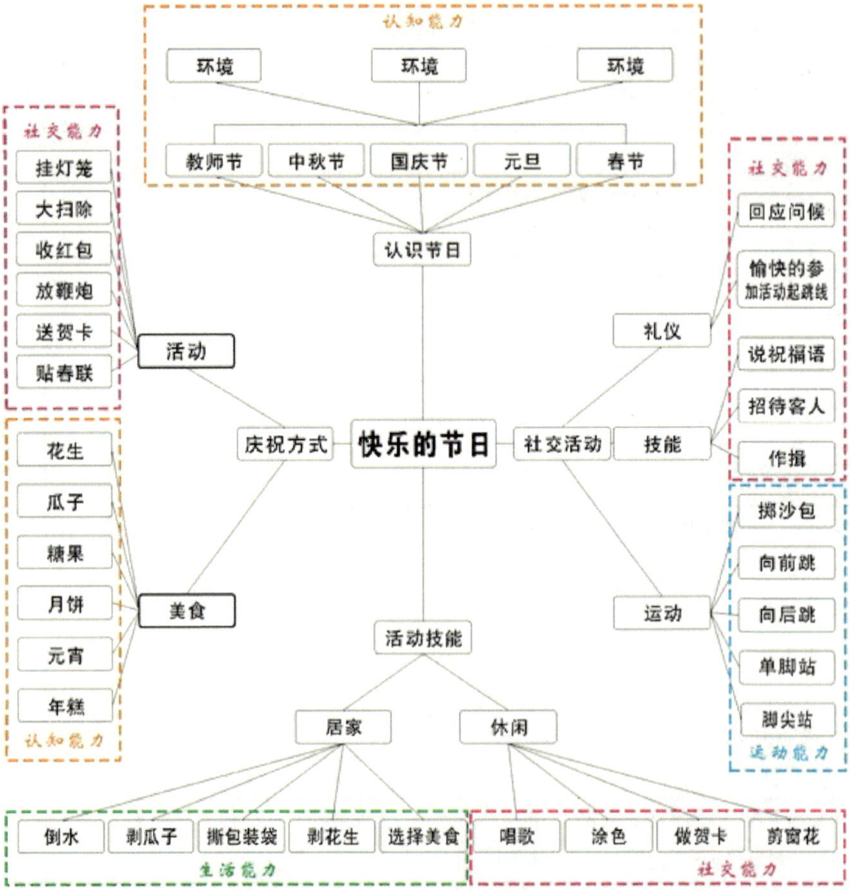

（二）单元大纲

	分组		
	高	中	低
1.认识节日、日期			
（1）教师节（9月10日）			
（2）中秋节（农历八月十五）			
（3）国庆节（10月1日）			
（4）元旦（1月1日）			
（5）春节（农历正月初一）			
2.认识庆贺春节的活动方式			
（1）认识春节的传统习俗及活动			
（2）认识农历新年的饮食习惯			
3.技能			
（1）会选择自己喜欢的过节食品			
（2）会给客人倒茶、递食品			
（3）会剥糖果纸，正确食用瓜子、花生			
（4）能唱几首节日歌曲			
（5）能涂色一幅节日图画			
（6）会制作简单的节日贺卡			
（7）会制作简单的窗花			
4.社交礼仪			
（1）能回应熟人与自己打招呼			
（2）能在提示下说节日祝福语			
（3）能招呼来做客的小朋友			
（4）能愉快地参加家庭庆祝活动			
（5）能有节制的饮食			

五、单元主题：我是芜湖美食家

（一）主题网络图

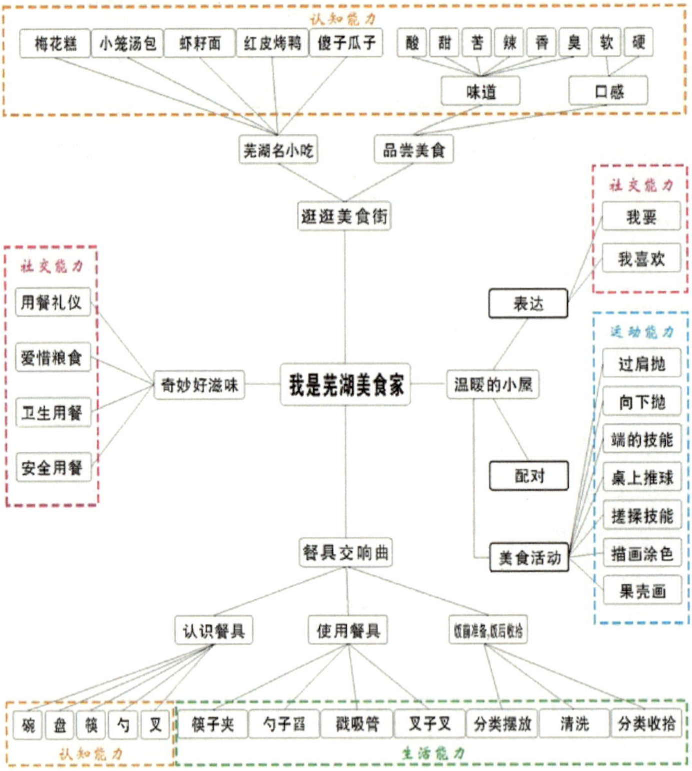

（二）单元大纲

	分组		
	高	中	低
1.认识美食名称			
（1）梅花糕			
（2）小笼汤包			
（3）虾籽面			
（4）红皮烤鸭			
（5）傻子瓜子			

续 表

	分组		
	高	中	低
2.辨别味道			
(1)辨别酸味			
(2)辨别甜味			
(3)辨别苦味			
(4)辨别辣味			
(5)辨别香味			
(6)辨别臭味			
3.质地判断			
(1)分辨软的			
(2)分辨硬的			
3.社交技能			
(1)懂得用餐礼仪			
(2)爱惜粮食,不浪费粮食			
4.认识餐具			
(1)认识碗			
(2)认识盘子			
(3)认识筷子			
(4)认识勺子			
(5)认识叉子			
5.生活技能			
(1)能用筷子夹物品			
(2)能用勺子舀物品			
(3)能使用吸管			
(4)能使用叉子			
(5)会分类摆放餐具			
6.运动技能			
(1)能双手端盛物托盘步行3米			
(2)能单手(双手)过肩向前抛球1.2米			
(3)能完成桌上推球10次			
(4)能双手向下抛球至1.5米远处的目标			
(5)会揉搓纸成团			
(6)会依据要求描画涂色			
(7)会制作果壳画			
7.语言训练			
(1)会用“我要**”说话			
(2)会用“我喜欢**”说话			

六、单元主题：我是芜湖旅行家

（一）主题网络图

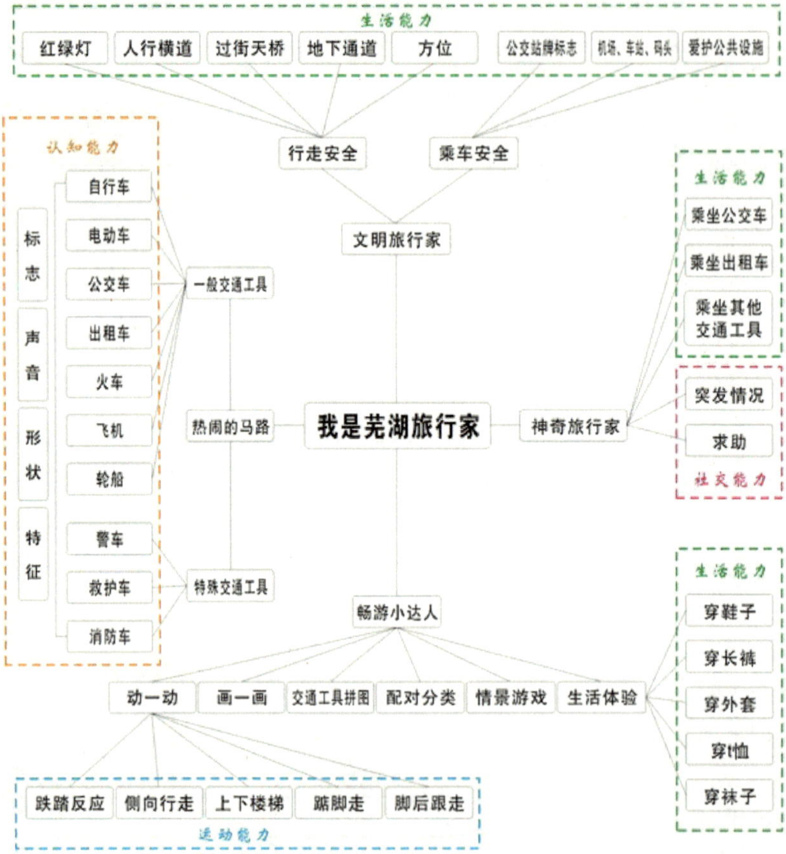

（二）单元大纲

	分组		
	高	中	低
1.认识常见交通工具			
(1)自行车			
(2)电动车			
(3)公交车			
(4)出租车			
(5)火车(高铁)			
(6)飞机			
(7)轮船			
2.认识特殊交通工具及救助方式			
(1)警车			
(2)救护车			
(3)消防车			
3.生活能力			
(1)依指示灯(红绿灯)过马路			
(2)能沿着人行横道过马路			
(3)会乘坐公交车			
(4)会乘坐出租车			
(5)会穿鞋子			
(6)会穿长裤			
(7)会穿外套			
(8)会穿T恤			
(9)会穿袜子			
4.社交能力			
(1)遇到突发情况会求助			
(2)爱护公共设施			

七、单元主题：我是芜湖小导游

（一）主题网络图

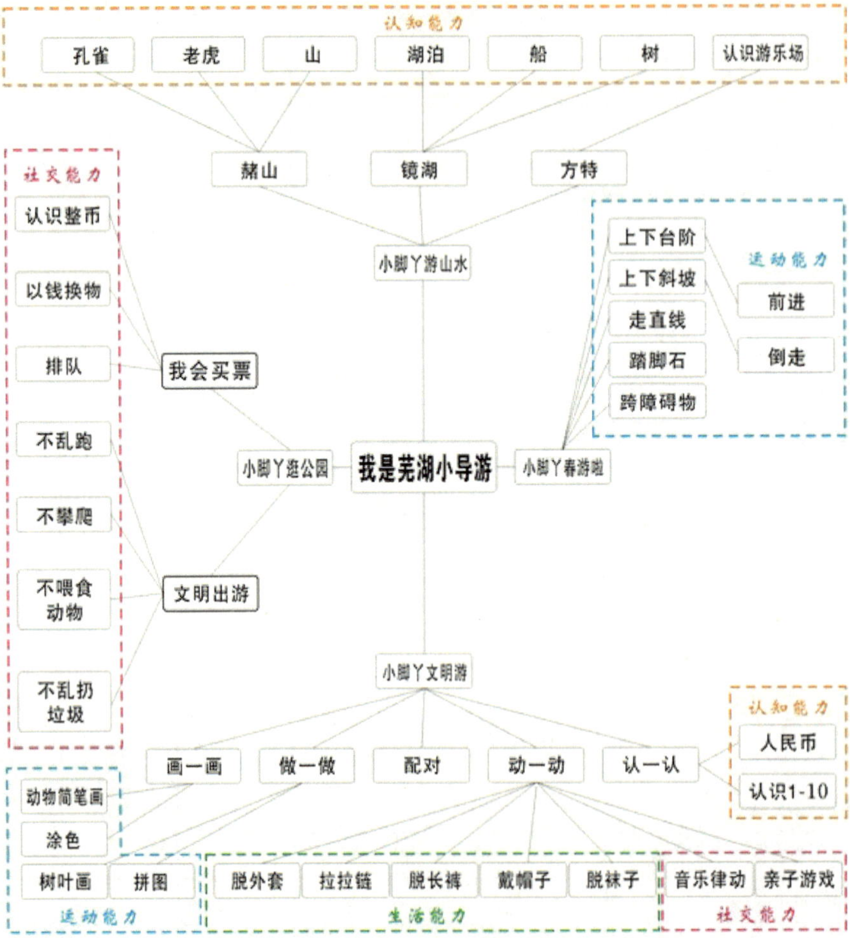

（二）单元大纲

	分组		
	高	中	低
1.认识芜湖的景点			
（1）赭山公园			
（2）镜湖公园			
（3）方特欢乐世界			
2.认识常见事物			
（1）认识孔雀			
（2）认识老虎			
（3）认识山			
（4）认识湖泊			
（5）认识船			
（6）认识树			
3.数的能力			
（1）认识1元、5元、10元人民币			
（2）认识数字1—10			
4.运动能力			
（1）会上下台阶			
（2）会上下斜坡			
（3）能走直线			
（4）能跨越障碍物			
（5）能模仿动物简笔画			
（6）会制作树叶画			
5.生活能力			
（1）会脱外套			
（2）会脱长裤			
（3）会戴帽子			
（4）会脱袜子			
（5）会拉拉链			
6.社交能力			
（1）能排队等待			
（2）能遵守秩序			

八、单元主题：我是芜湖小买家

（一）主题网络图

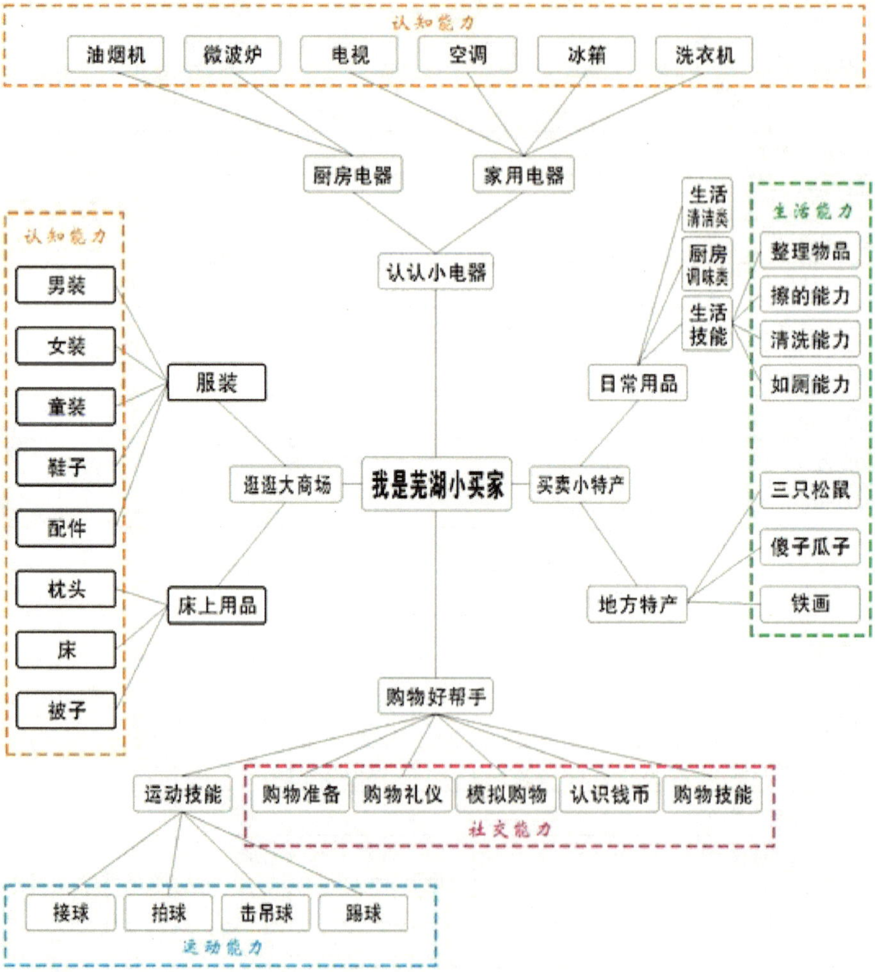

（二）单元大纲

	分组		
	高	中	低
1.认识常用家用电器			
(1)认识油烟机			
(2)认识微波炉			
(3)认识电视			
(4)认识空调			
(5)认识冰箱			
(6)认识洗衣机			
2.认识常见衣物			
(1)男装			
(2)女装			
(3)童装			
(4)鞋子			
(5)会分类			
3.认识床上用品			
(1)床			
(2)枕头			
(3)被子			
4.运动能力			
(1)能接住对方的球			
(2)会拍球			
(3)会用球拍击打吊球			
(4)能踢中放在地上的球			
5.生活能力			
(1)会整理物品			
(2)会擦桌子			
(3)会清洗小物件			
(4)会表达如厕的需要			
6.社交能力			
(1)会购物			
(2)懂得购物礼仪			
7.认识芜湖特产			
(1)三只松鼠			
(2)傻子瓜子			
(3)铁画			

第二章　初级训练计划手册

一、初级训练计划手册

初级训练计划手册（一）

训练领域:粗大动作			
序号	训练项目	训练目标	训练方法
01	仰卧	当儿童从仰卧被拉起直至坐着时,头和身体保持一条直线	1.仰卧时头和双手保持在中线。 2.仰卧时用双手触摸脚趾。 3.双手扶持双肩,慢慢向后倾斜30°,头部和身体保持直线,再恢复原位。完成后,可加大后仰幅度。
02	俯卧	用直臂支撑俯卧时,头抬起向上望; 俯卧时双手、双脚和头同时抬起,用躯干着地	1.用前臂支持,头向两边转。 2.俯卧时手向前伸,一只手够取物品。 3.用手固定儿童的腰部,协助他扮作“飞机”状。
03	四点跪	四点跪时单手伸前,取玩具	1.将玩具放在不同的位置(左、右及上、下),让儿童伸手取玩。 2.四点跪状爬行。
04	爬行	匍匐爬行	1.使用滑板,匍匐爬行。 2.以正确的爬行动作次序(右手→左脚→左手→右脚),地面匍匐爬行。 3.以正确的爬行动作次序(右手→左脚→左手→右脚),爬上楼梯。
05	站立	独自站立5秒	1.在双手协助下,背靠墙站立。 2.双手抱住布娃娃站立。 3.站立时弯腰捡地上的物品。
06	蹲	扶物由站到蹲,再从蹲着转到站起来	1.扶住膝关节,呈屈膝下蹲的姿势。 2.蹲下保持平衡。 3.面向墙蹲着,接着双手按墙站起来,来回重复练习。
07	独立行走	独立行走5步	1.在平地上向前行。 2.在平地上向侧面行。 3.在平地上向后行。 4.在平衡木上步行。 5.脚尖贴着脚跟向前步行3米。 6.脚尖贴着脚跟向后步行3米。

续 表

训练领域:粗大动作			
序号	训练项目	训练目标	训练方法
08	单脚站	单脚站立5秒	1.单脚放在地面固定物上,保持姿势平衡。 2.把沙包放在儿童单脚背上,让儿童提起脚放进脚前的筐中。 3.提起单脚向后或用单手抓起脚跟。
09	上楼梯	两步一级上楼梯; 一步一级上楼梯	1.双手扶着栏杆两步一级上楼梯。 2.单手扶着栏杆两步一级上楼梯。 3.单手扶着栏杆一步一级上楼梯。 4.一步一级上楼梯。
10	下楼梯	两步一级下楼梯; 一步一级下楼梯	1.双手扶着栏杆两步一级下楼梯。 2.单手扶着栏杆两步一级下楼梯。 3.单手扶着栏杆一步一级下楼梯。
11	双脚跳	双脚跳弹床; 双脚原地跳	1.在双手协助下,站在弹床上被弹动; 2.在双手协助下,在弹床上快速地蹲下、站立; 3.双手叉腰在弹床上跳。完成后,转为双手按肩,最后转为双手按着头弹跳。 4.站在呼啦圈中,连续原地跳。
12	前滚翻	在协助下做前滚翻	1.帮助儿童头压低,扶住他,教师的手靠在儿童的脖子后面。 2.让儿童屈膝、团身,头和手成着地的姿势,把头窝进去,脚尖蹬地,两腿前移,加以辅助轻轻推他翻过去。
13	推	推动物品至固定目标	1.单手或双手把保龄球推到1.5米远的保龄球。 2.单手推网球至1.8m远、宽40m的球门内。 3.桌上推球,不要推到桌子外。
14	抛	举手过肩抛球1.2m	1.双手向下抛球。 2.单手向下抛球。 3.单手向上抛球。 4.双手向上抛球。
15	踢	踢静止的大球	1.长方形纸砖竖放在地上,逐一踢倒。 2.保龄球放在硬皮书上,逐一踢倒。 3.向前踢球1m。
16	接	双手接住抛过来的物品	1.用双手接住沿毛巾滚过来的球。 2.双手接住从1.8m处抛来的球。 3.双手接住回弹的球。

初级训练计划手册(二)

训练领域:精细操作			
序号	训练项目	训练目标	训练方法
01	视觉运用	眼睛注视物品	1.眼睛看着物品。 2.视线随着物品移动(从左至右/从上到下) 3.伸手至不同位置(上下;左右;前后)

续 表

训练领域:精细操作			
序号	训练项目	训练目标	训练方法
02	抓握	大把抓(使用掌心和五指)、三指抓握、食指点、两指拿	1.用掌心抓握物品(抓豆、抓积木) 2.用前三指抓握物品(抓勺子) 3.用食指点(点泡泡、按键) 4.用拇指和食指拿物品。
03	拿取物件	在大容器中取物; 在小容器中取物	1.把物品放入大容器中(放积木) 2.把小物件放入小瓶中(放豆子) 3.伸手入容器中取物(取积木) 4.从瓶中取小粒物品(拿取豆子)
04	叠高物品	手眼协调	1.叠起2—6块积木。 2.叠起7—9块积木。 3.叠起10块积木。
05	穿珠	穿过直径3厘米的物体; 穿过直径1厘米的珠子	1.穿卷纸筒。 2.穿粗吸管。 3.穿中号珠子。 4.穿小号珠子。
06	拧	手腕灵活转动	1.拧瓶盖。 2.拧发条玩具。 3.拧水龙头。 4.拧毛巾。
07	工具使用	双手配合使用文具或工具	1.用塑料刀切开橡皮泥。 2.把橡皮泥搓成条状。 3.使用不同工具压印图形。 4.涂抹胶水或胶棒。 5.撕开有针孔虚线的纸张。
08	执笔写画	自己握笔在纸上涂鸦; 模拟画线及简单图形	1.握笔在纸上涂鸦。 2.模拟画线条。 3.模拟画简单图形。 4.描写简单汉字。

初级训练计划手册（三）

训练领域:感知			
序号	训练项目	训练目标	训练方法
01	视觉	注视、追视、视觉辨认	1.注视光线刺激(电筒、闪亮的玩具) 2.注视颜色刺激(色彩鲜艳的食物、玩具) 3.辨认熟悉人的面孔(爸爸、妈妈、爷爷、奶奶、老师) 4.辨认常见物品。
02	听觉	对声音有反应; 寻找声源、辨别及辨认声音; 模仿发音	1.呼唤名字,作出反应。 2.按简单口头指令做动作(给老师;放进去) 3.“躲猫猫”游戏,听到声音后,走向正确声源。 4.凭听觉判断声音及配对图片。 5.模仿唱一些儿歌片段。
03	触觉	对被触碰有反应; 认识身体感觉;触觉辨别	1.脸部、嘴边、手掌或脚掌被触碰时,作出动作反应。 2.对不同的身体感觉(冷、暖、痛、痒)作出反应。 3.凭触觉配对。 4.凭触觉判断并取出常见的物品。
04	味觉	味觉分辨	1.尝试不同味道(甜、酸、咸),作出动作反应。 2.辨别食物的冷热。

续 表

训练领域:感知			
序号	训练项目	训练目标	训练方法
05	嗅觉	嗅觉辨别	1.对不同的气味(香、臭)作出反应。 2.凭嗅觉配对。
06	配对	实物配对; 图片配对	1.实物配对(人物、交通工具、动物、水果) 2.图卡配对(实物、图卡、文字)
07	分类	会依据功能分类; 完成简单拼图; 会依据概念分类	1.按物品的特性(形状、颜色、大小等)分类。 2.按概念(文具、电器、乐器、昆虫等)分类。
08	识别颜色	说出颜色名称; 颜色应用	1.说出1种颜色名称。 2.说出4种主要颜色。 3.说出其他颜色名称。 4.说出深浅颜色名称。
09	识别形状	辨认平面形状; 辨认立体形状; 说出形状名称	1.辨认1种基本形状。 2.辨认3种基本形状。 3.辨认几何形状。 4.辨认立体形状(球体、正立方体、柱体) 5.说出1种基本形状。 6.说出3种基本形状(正方形、三角形及圆形) 7.说出几何形状名称(三角形+正方形="小屋") 8.辨认立体形状(球体、正立方体、柱体)
10	空间概念	用视觉、触觉、听觉、动作认识空间	1.掀开盖着自己脸的毛巾。 2.模仿将物件放进容器。 3.找寻隐藏的物体。 4.伸手抓紧视线内的物体。 5.从容器中取出物品。 6.按要求摆放物品(上下、里外、前后)。
11	数前概念	数量概念、相对概念	1.辨别"1个"和"许多"。 2.认识以一一对应的方式配对物件。 3.辨别"有""没有" 4.辨别"多""少" 5.辨别"长""短" 6.辨别"大""小"
12	数概念	数数、唱数	1.重复2—3个数字。 2.按指示拿一定数目的物品。 3.数出2块及7块积木。 4.唱数。 5.认读数字(1—10)。

初级训练计划手册(四)

训练领域:生活自理			
序号	训练项目	训练目标	训练方法
01	进食技能	吸吮、合唇、喝、咀嚼	1.吸吮奶瓶内的液体。 2.合唇取食勺子上的食物。 3.喝勺子上的饮料或水。 4.用吸管喝饮料。 5.用杯子喝水。 6.咀嚼软的固体食物。 7.咀嚼硬的固体食物。

续 表

训练领域:生活自理			
序号	训练项目	训练目标	训练方法
02	取食方式	使用不同类型的餐具取食	1.能够用手指拿取食物放入口里。 2.使用勺子进食。 3.使用叉子取食物。 4.使用牙签拿食物放入口里。 5.使用刀切软的食物。 6.撕开食物的包装袋。 7.用筷子夹食物。
03	穿衣	脱、穿	1.脱袜子。 2.脱鞋。 3.脱下长裤。 4.脱外套或衬衫。 5.拉开拉链。 6.解开大纽扣。 7.脱T恤。 8.穿鞋子。 9.穿长裤。 10.穿外套或衬衫。 11.穿T恤。
04	洗	擦、洗	1.用毛巾擦嘴、擦手。 2.用肥皂洗手。 3.洗毛巾。 4.洗脸。
05	日常自理能力	固定位置、开关	1.将玩具放入玩具柜。 2.将鞋子放入指定的位置。 3.关门。 4.开、关电灯。 5.扭动门把手开门。

初级训练计划手册（五）

训练领域:语言表达和理解能力			
序号	训练项目	训练目标	训练方法
01	发声能力	发出不同的声音; 发出有意义的声音	1.与儿童玩挠痒痒游戏,引发儿童发出笑声或声音。 2."躲猫猫"游戏,引发儿童发出笑声或声音。 3.以儿童喜欢的物品引发儿童发出声音。 4.唱儿歌。
02	动作/手势沟通	运用简单身体动作/手势沟通; 运用表达性身体动作/手势沟通	1.摇晃手表示"再见"。 2.拍手表示"好"。 3.点头表示"同意",摇头表示"不"。 4.运用表达性身体动作表示"刷牙、洗手、打电话、睡觉"等。
03	模仿能力	模仿动作; 模仿发声	1.模仿身体动作(如拍手、踢脚等) 2.模仿口部动作(打哇哇、伸舌头等) 3.动物发声儿歌。

续 表

训练领域:语言表达和理解能力			
序号	训练项目	训练目标	训练方法
04	运用名词	说出食物的名称; 说出水果的名称; 说出身体部位的名称; 说出日常用品的名称; 说出餐具的名称; 说出交通工具的名称; 说出玩具的名称; 说出人物的名称; 说出动物的名称; 说出家具的名称; 说出地方的名称; 说出家用电器的名称	
05	运用动词	运用常用的动词:吃、喝、玩、睡觉等	
06	运用社交词语	运用常用的社交词语:谢谢、对不起、您好、请、让一让等	
07	运用形容词	运用描述物件、人物特征的形容词:大小、有没有、长短等; 运用情感形容词:开心、高兴、怕等	
08	运用方位词	运用方位词:上下、左右、中间、里外	
09	运用数词	运用数词:一、二、三、第一、第二、最后等	
10	运用量词	运用常见量词:个,只,条等	
11	运用代名词	运用代名词:你我他及复数	
12	简单句子运用	运用双词短句,如:吃 苹果、妈妈 吃; 运用三词句子,如:妈妈 吃 苹果、我 去 学校; 运用四词句子,如:妈妈 坐 车去公园、拿 红色 苹果 给妈妈	
13	复合句子运用	运用表示条件关系的句子,如:如果做完作业,就可以看电视; 运用表示因果关系的复合句子,如:因为下雨,所以打伞; 运用表示转折关系的复合句子,如:他生病了,但不愿吃药; 运用表示先后关系的复合句子,如:吃完饭,再看电视	
14	问句运用	运用“有没有”问句。如:有没有糖果? 运用选择性问句。如:要糖还是要饼干? 运用“什么”问句。如:这是什么? 运用“谁”问句。如:谁吃糖果? 运用“谁的”问句。如:这个苹果是谁的? 运用“哪里”问句。如:爸爸去哪里? 运用“多少”问句。如:芽芽班有多少个小朋友? 运用“怎么办”问句。如:下雨了怎么办? 运用“为什么”问句。如:为什么要妈妈骂我? 运用“什么时候”问句。如:什么时候放学?	

运动疗法

第三章　感觉统合器材及使用

一、使用器材：大龙球（光面\颗粒面）

1.运动领域：触觉、前庭平衡觉、本体觉

2.训练方法

（1）大龙球滚压：让儿童俯卧或者仰卧在地垫上，训练员将大龙球放在儿童身上，由轻到重做前后左右或者螺旋式的滚动，或者在正中间做轻轻压挤，刺激触觉系统。

（2）俯卧大龙球：儿童俯卧在大龙球上，训练员从后方抓住他的双腿，配合大龙球的转动，前后拉动，在儿童身体适应该动作后可以要求他双手前平举，抬高头部。

（3）仰卧大龙球：让儿童仰躺在大龙球上，训练员握住儿童的腿部或腰部，在球上做前后左右的滚动，注意滚动的幅度由快到慢。

（4）坐上大龙球：将儿童扶坐在大龙球上，较小的儿童由训练员扶着腰部或手臂，进行前后左右推动，或者利用大龙球的弹性进行有节奏的上下振动。对大一些的儿童指导他自己扶着墙壁、桌沿或其他扶手保持身体平衡，移动身体使大龙球进行前后左右的转动或利用自己身体的重量在大龙球上作上下振动。

（5）大龙球上跳跃：扶着儿童站立在大龙球上，让他轻轻上下晃动，或双脚交替踩压，再扶他跳起来，体会落下去又弹起来的感觉。

（6）腹部滚动大龙球：儿童以蹲姿到起立的动作推动大龙球前后滚动，下蹲时球向后推动，起立时球向前滚动，注意要求儿童体会前后不同的方向。

（7）背滚大龙球：儿童由坐姿或者蹲姿到起立的动作推动大龙球前后滚动，下蹲时球向前滚动，起立时球向后滚动，注意儿童的运动方向。

3. 延伸活动

（1）俯卧大龙球抓东西：让儿童俯卧在大龙球上，保持身体平衡，将目标物（小球、积木、绒布娃娃等）放置在儿童前面，儿童向前滚动时用手可以够得着的位置，训练员扶着儿童的脚协助儿童前后左右滚动，帮助他们按要求抓取到目标物。

（2）闭目腹部滚动大龙球：在可以做睁眼训练的基础上，做闭目腹部滚动大龙球活动，提高儿童对刺激的感受和记忆。

（3）闭目背滚大龙球：在可以做睁眼训练的基础上，做闭目背滚大龙球活动，提高儿童对刺激的感受和记忆。

二、使用器材：羊角球

1. 运动领域：触觉、前庭平衡觉、本体觉

2. 训练方法

（1）羊角球上下震动：让儿童坐在羊角球上，双手握住把手，保持身体平衡，再借助球的弹性进行上下振动。

（2）羊角球跳跃：儿童坐在羊角球上，双手握紧把手，双脚蹬地往前跳动，同时用手握紧羊角球的把手，带动羊角球随身体一起往前移动。

3. 延伸活动

（1）两人竞赛跳羊角球：可让两个儿童一起跳，看谁跳动的次数多，也可规定距离，要求儿童往返跳若干次，看谁先完成。

（2）S行线路跳羊角球：可以要求儿童按照S形线路跳羊角球，让儿童体会不同的跳动方形和线路。

（3）绕障碍物：设置一条有障碍的路线，要求儿童在跳羊角球时绕过障碍物。

（4）视觉追踪训练：跳动时，训练员可以在旁边绕圈，让儿童看着你手中的彩旗、彩球等作视觉追踪，也可丢球给他看，训练儿童的眼球控制能力。

三、使用器材：阳光隧道

1.运动领域：触觉、本体觉

2.训练方法

（1）穿越阳光隧道：儿童头在前，脚在后，爬进阳光隧道，再从另一端爬出来。

（2）倒着钻入：儿童脚在前，头在后倒着爬进去，再从另一端爬出来。

（3）在隧道内放置毛巾、积木、海棉垫等，让儿童以顺着或倒着的方式从一端爬进，另一端爬出，体会在不同触觉刺激下的身体活动。

（4）隧道翻滚：当儿童在隧道中爬行时，轻轻转动隧道，让儿童在滚动中练习手、肘、肩、膝等关节的固有感觉输入。

3.延伸活动

（1）在隧道内放置很多东西，要求儿童爬进去将指定的东西拿出来。

（2）让儿童一只手或双手拿着东西从隧道的一端爬进，从另一端爬出。

四、使用器材：海洋球池

1.运动领域：触觉、本体觉

2.训练方法

（1）球池内行走：儿童以自己的方式进入球池（跨入或者跳入），在球池内完成行走（可自由行走或者沿着池壁行走），身体翻滚活动。

（2）藏身活动：让儿童慢慢坐下或躺下，将身体全部藏入球池中，感受球的挤压。

（3）滑入海洋球池：儿童从球池边以坐姿滑梯滑行进入海洋球池。

（4）海洋游泳：儿童进入球池后，上下肢划动海洋球，模仿游泳、潜水活动。

（5）淋球雨：训练员将一盆海洋球从儿童头部或者身体倒下，让儿童感受不同的刺激。

（6）球池翻滚：儿童坐在或者卧在球池内，任意翻滚。

（7）潜水艇：儿童潜在球池内，以匍匐姿势前进。

3. 延伸活动

（1）跳水：儿童蹲在池壁边缘，双手抱膝，背对球池，训练员助推肩部，儿童翻滚入球池。

（2）寻宝游戏：训练员放置一些玩具、积木于球池内，让儿童寻找。

（3）两人合踩自行车：两名儿童两脚相对接触，进行轮作互动活动。

（4）四臂夹球：两名儿童盘腿坐在球池内，两手互挽，左右摆动划球，四臂夹球，向上或者躯体左右方向翻抛。

五、使用器材：滑板

1. 运动领域：前庭感觉、触觉和本体感觉

2. 训练方法

（1）静态飞机式：以腹部为中心，身躯紧贴滑板，头颈部抬高，挺胸，双手双脚伸展提高，如同飞机起飞状。

（2）乌龟爬行：儿童俯卧在滑板上，以腹部为中心，身躯紧贴滑板，抬头、挺胸，头颈部抬高，双脚并拢抬起，以双手伸展慢慢往前爬行移动。

（3）滑入海洋球池：儿童从球池边以坐姿滑梯滑行进入海洋球池。

（4）青蛙蹬：让儿童俯卧在滑板上，以腹部为中心，身躯紧贴滑板，抬头、挺胸，头颈部抬高，双脚如青蛙游泳般屈曲，顶在墙壁上，用力一蹬，使身体贴着滑板往前滑行，同时，双手伸展像游泳似的从两侧往后划，保持滑板继续向前滑行，滑到接近对面墙壁时，用手控制方向做180度回转，同时双脚屈曲，再蹬、再滑，每次蹬墙后双腿应并拢抬起，脚尖绷直。

（5）助推滑行：儿童仰卧滑板，下肢屈曲，双手交叉抱头，双脚触墙体，而后用力蹬踏墙壁，使滑板带动身体前冲。

（6）俯卧旋转：让儿童俯卧在滑板上，双手交叉控制方向带动滑板和身体进行原地旋转，左右交替。

3. 延伸活动

（1）单人（双人）牵引滑行：让儿童俯卧或仰躺在滑板上，用手拉着绳子或呼拉圈，指导者牵动绳子或呼拉圈，带动趴在滑板上的儿童做前

进、转弯及旋转等任何动作。

（2）滑板过河：让儿童仰躺在滑板上，以背部为支撑点，颈、手、脚弯起向上，在手和脚可以够得着的位置上架一条绳索，让儿童可以用手抓住绳索并同时用脚钩住绳索，通过手和脚的协同运动带动滑板滑动。

（3）火车接龙：用积木围成一条曲折变化的通道，让儿童俯卧在滑板上，排成长龙，后面的儿童双手握着前面儿童的双腿，由第一个儿童带领，顺着通道的方向前进。

（4）滑板上投球：让儿童趴在滑板上，滑板旁放一篮子小球(小皮球或乒乓球)，前方2—3米处放置一只空篮子，要求儿童将球投到前方的篮子中。

（5）滑板上水平推球：让儿童趴在滑板上，面对墙壁，距离墙壁约30厘米，用双手对墙壁做水平推球，待球从墙壁弹回后双手接住再推，如此循环反复。

六、使用器材：大滑梯

1.运动领域：前庭平衡觉

2.训练方法

（1）俯卧滑滑梯：让儿童自己将滑板抱起，放在滑梯顶端的平台上，身体俯卧在滑板上，头、手在前，脚在后，由指导者协助轻轻推动滑板，使滑板由滑梯上自然地滑下来，也可让儿童自己用双手抓住滑梯的两侧，同时用力往后拉，借用反弹力使滑板往前滑行，较快速地从滑板的斜面滑下来。

（2）仰卧滑滑梯：采用头上脚下的方式，从滑梯上倒着滑下来。

（3）坐姿滑滑梯：儿童坐在滑板上，两腿并拢伸直，双臂平举伸直，身体前倾起滑，也可以盘腿坐滑板滑行或者伸腿反向坐滑。

（4）跪滑：儿童采用跪姿于滑板上，面向前，双手拉住滑板壁起滑，随着技术稳定，提高身体重心，躯干直立，上肢侧平举。

（5）蹲滑：儿童采用蹲姿于滑板上，面向滑板或者背向滑行。

（6）逆上滑梯：让儿童俯卧、仰卧或者坐在滑板上，抓住呼拉圈或木棒，训练员拉着呼拉圈或木棒，由下往上将儿童和滑板拉上滑梯。或在滑梯的上端固定一条绳子，让儿童俯卧在滑板上，双手抓住绳子，交替往前移动，由下而上爬上滑梯的顶端。

3.延伸活动

（1）推球：儿童在滑板滑下时推动面前的小球到墙壁。

（2）取物：儿童在滑板滑下时捡取地上的沙包，积木等物。

（3）扔物：让儿童滑下滑梯前手拿小球，要求儿童在下滑的过程中将手中的球扔进指定的篮子或纸箱中。

（4）取物——扔物序列活动：当儿童从滑梯上滑下时，先让儿童从指定的篮子或纸箱中抓取指定的小球或其他物品，再按要求扔到指定的篮子或纸箱中去。

（5）穿帘：在滑梯下面挂一个布帘或毛巾帘，让儿童滑下时掀开帘子穿过去。

（6）推墙：用塑料积木在滑梯前面堆成墙等障碍物，让儿童在滑下时推开，也可由两名指导者拿着旧报纸在滑梯的末端形成一面墙，让儿童滑下时穿破“墙壁”。

七、使用器材：旋转浴盆

1.运动领域：前庭平衡觉

2.训练方法

（1）坐或蹲在旋转浴盆中：让儿童平坐或蹲在旋转浴盆中，由训练员在一旁扶着盆沿帮他回转，速度不宜太快，约2～3秒钟转一圈，注意儿童的反应。可先向左回转，稍做停顿后再向右回转，也可连续往左回转几次，再连续往右回转几次，回转的速度也可适当变换。

（2）主动旋转：儿童适应了被动旋转后，自己通过移动身体，调整重心使旋转盆转起来。

（3）趴在旋转浴盆上：让儿童俯趴在旋转浴盆的盆沿上，努力保持身体平衡。可以是双脚踩在盆沿、双手扶着盆沿的姿势，也可以是双手扶着盆沿、双腿跪在盆沿的姿势，还可以是四肢伸展，双上臂和大腿架在盆沿上，呈飞机飞翔的姿势。尽量让儿童自己上去，训练员可帮助扶持旋转浴盆，协助儿童保持平衡，等儿童踩稳、扶好之后，再轻轻回旋。

3.延伸活动

（1）投球：儿童一边坐在盆内，一边向着盆外的指定箱子内投球。

（2）套圈：儿童一边坐在盆内，一边做套圈的游戏。

（3）投沙包：儿童一边坐在盆内，一边向着盆外的指定箱子内投沙包。

八、使用器材：网兜吊缆

1.运动领域：前庭平衡觉、触觉

2.训练方法

（1）摇篮游戏：让儿童轻松随意地仰躺在吊缆中，轻轻地左右摇晃。可指定一特定的目标，让儿童仰躺在摇动的吊缆中注视目标。

（2）坐立吊缆游戏：让儿童可以坐在吊缆中，两手抓住吊缆的边缘以保持身体平衡。训练员晃动吊缆做前后左右的摇动或360度的大旋转。

（3）蹲姿吊缆游戏：儿童采用蹲姿与缆面上，双手抓缆杆，训练员助推，做前后左右摇动或者大旋转。

（4）直立吊缆游戏：让儿童直立在吊缆上，双脚撑住吊缆底端，双手扶住吊缆上面的绳索，以保持身体平衡。由训练员推动吊缆作前后、左右的摇摆和360度大旋转。

3.延伸活动

（1）吊缆插棍游戏：让儿童俯卧在吊缆中，前后晃动吊缆，在吊缆下方放置一套小木棍子和有着相应小孔的木板，要求儿童双手同时拿起小木棍按顺序插入孔中。

（2）吊缆投沙包游戏：让儿童俯卧在吊缆中，前后晃动吊缆，在吊缆下方放置一个箱子，儿童将沙包投到箱子中。

九、使用器材：横抱筒

1.运动领域：前庭平衡觉

2.训练方法

（1）俯卧环抱圆木柱：让儿童俯卧在木柱上，用双手双脚环抱着木柱以维持身体的平衡。先让儿童趴在木柱上体会木柱自然摆动的感觉，再由指导者推动木柱进行前后、左右的摇晃。

（2）骑木马：让儿童骑在圆木上，跟骑木马一样，大腿夹紧以保持身体平衡。

（3）圆木柱秋千：让儿童抓住两侧的绳索，横坐在圆柱上自由晃动，也可像荡秋千一样前后荡起来。

（4）立位秋千：让儿童站立在圆柱上，双手抓住绳索，保持身体平衡，让圆木柱自由晃动或由指导者协助进行前后左右摆动或旋转。

3.延伸活动

（1）抱筒捡物品：把小绒布娃娃、积木、橡皮等散放在圆木柱下面的地垫上，让儿童俯卧在圆木柱上，摇晃圆木柱，要求儿童以他所能的任何方式紧抱着圆木柱，同时俯身把地上的物件捡起来。

（2）娃娃搬家：把小绒布娃娃、积木、橡皮等混装在一个纸盒中，将纸盒放在圆木柱下面的地垫上，旁边放置一个空纸盒，让儿童俯卧在圆木柱上，摇晃圆木柱，要求儿童以他所能的任何方式紧抱着圆木柱，同时俯身把一个纸盒中的小绒布娃娃全部取出来放入另一个空纸盒中。

（3）神射手：让儿童手中拿一个纸棒或木棒，在晃动的过程中对准目标物击打。

十、使用器材：竖抱筒

1.运动领域：前庭平衡觉

2.训练方法

（1）坐姿摇摆和旋转：让儿童坐在底板上，双手环抱圆柱，身体紧贴圆柱，双脚以筒底边为支撑环绕圆柱紧紧夹住，以保持身体的平衡。

（2）站立摇摆和旋转：让儿童站立在底板上，双脚夹住圆筒，双手握住上端的绳索，由指导者推动圆筒作前后、左右摇晃及360度以上的大旋转。

（3）坐在圆筒帽上：让儿童双手握住上端的绳索，坐在圆筒的上面，可丰富其前庭固有感觉，还可让儿童坐在上面做套圈圈游戏。

3.延伸活动

（1）抱筒接沙包：儿童采用站立于竖抱筒姿势，只用一只手抓紧绳索，伸出一只手来接或抓取物体（沙包）。

（2）踢瓶子游戏：儿童采用站立于竖抱筒姿势，只用一只手抓紧绳索，或是只用一只脚站立，伸出一只脚来踢目标物体（空矿泉水瓶）。

十一、使用器材：四足位平衡吊缆

1.运动领域：前庭平衡觉

2.训练方法

（1）吊台旋转：儿童盘坐或者椅坐在吊台上，双手抓住绳索以保持身体平衡，训练员帮助帮助儿童随吊台（顺时针、逆时针）旋转。

（2）站立摇晃：让儿童站立在上面，双手抓住绳索以保持身体平衡。可让儿童自由晃动或帮助其进行前后左右晃动、360度旋转，训练员注意要转转停停，这对儿童前庭体系的苏醒帮助更大。

（3）蹲、坐、跪、躺、卧：采用蹲姿、跪姿、仰躺、俯卧等于吊台上，由训练员帮助做前后、左右的晃动或旋转

3.延伸活动

捡物品游戏：儿童采用蹲、坐、跪、躺、卧姿势与吊台上，在一旁放置积木或小球、洋娃娃等玩具，让儿童在摇动时伸手拿取。

十二、使用器材：太极平衡板

1.运动领域：前庭平衡觉、触觉

2.训练方法

（1）坐、立平衡板：儿童采用盘腿坐或者直立与平衡板上，做前后左右摇晃并保持身体平衡。

（2）两人相对游戏：两名儿童相对站立在一个平衡板上（手拉手），做前后左右摇晃。

3.延伸活动

（1）轨道滑行：儿童用手端着平衡台，让球顺着轨道滑行。

（2）站立轨道滑行：儿童站立在平衡台上，在晃动中让球在轨道上滑行。

十三、使用器材：平衡台

1.运动领域：前庭平衡觉、触觉

2.训练方法

（1）平躺摇晃：让儿童仰躺或俯趴在平衡台上面，手臂和腿放松，自然伸展，任平衡台自然晃动，或由指导者协助进行左右摇动。

（2）匍匐摇晃：让儿童匍匐在平衡台上，自己进行左右摇晃。

（3）跪坐或静坐摇晃：让儿童坐或跪在平衡台上，由训练员左右摇晃平衡台。

（4）平衡台互相扶持：训练员和儿童共同站在平衡台上，两人面对面，手拉手，互相保持平衡。

（5）平衡台站立摇动：让儿童站立在平衡台上，双脚分开，重心交替从一只脚转移到另一只脚，自己控制平衡台进行晃动。

（6）平衡台上蹲起运动：儿童站立在平衡台上，进行自主摇晃时，由指导者发出口令并示范，让儿童做下蹲、起立以及伸手、屈臂等动作。

（7）平衡台上的移动：让儿童站立在平衡台上，先进行自主摇晃，然后指挥他移动身体，如往前进一步，往后退一步，向右转，向后转，等等。

3.延伸活动

（1）平衡台上抛投球：儿童立于平衡台上，做投球游戏。

（2）两人抛接球游戏：两人各自站立在各自平衡台上，相互抛接球。

十四、使用器材：平衡木

1.运动领域：前庭平衡觉、触觉

2.训练方法

（1）平衡木上行走：让孩子在平衡木上踏步前进、后退。

（2）平衡木上变式行走：要求孩子伸展双手，或者双手抱头、上手叉腰等不同姿势，在平衡木上踏步前进、后退。

（3）平衡木接龙行走：将高低不一致的平衡木交替排列成一条曲折的道路，中间还留有一定距离的空当，让孩子徒手或抱球踏步走过。

（4）平衡木交叉行走：将平衡木排成平行的两排，让孩子两只脚各踏着一条平衡木前进。

3.延伸活动

（1）平衡木上投球：儿童立于平衡木上，做投球游戏。

（2）两人抛接球游戏：两人各自站立在各自平衡木上，相互抛接球。

（3）平衡木上拍球：儿童站立于平衡木上，连续不断的拍球。

十五、使用器材：蹦床

1.运动领域：前庭平衡觉

2.训练方法

（1）压肩蹦跳：儿童坐在或跪在蹦床上，训练员双手托住儿童双肩并用力下压，后自然反弹，儿童被动感受蹦床活动。

（2）扶手蹦跳：儿童蹲在蹦床上，训练员双手握住儿童双手，协助跳跃。

（3）自由跳跃：让儿童在蹦床上进行自由的跳跃。

（4）拔地而起：儿童在蹦床上全力起跳，落下后完全蹲下，反复这个过程，腾空时注意舒展身体。

（5）双脚交替跳跃：儿童在蹦床上，单脚交替跳跃。

3.延伸活动

（1）蹦床抛接球：儿童在蹦床上一边跳跃，一边与指导者做抛接球的游戏。

（2）蹦床投球：让儿童在蹦床上一边跳跃，一边将手中的球投入指定的篮子内。

（3）闭目跳跃：儿童在蹦床上，体会闭目跳跃。

十六、使用器材：独脚凳

1.运动领域：前庭平衡觉

2.训练方法

（1）让儿童用手扶起独脚凳，慢慢将屁股坐上去，放开手，双脚支撑保持平衡。

（2）踢腿运动：当儿童在独脚凳上坐稳后，让他双手叉腰，双腿轮流抬起。

（3）腿部活动：儿童坐在独角凳上，做腿的屈伸，分合动作。

（4）转圈活动：儿童坐在独角凳上，做顺时针或逆时针转圈。

3.延伸活动

（1）两人对坐着玩拍手游戏，看谁能够稳得住，不歪倒。

（2）两人离得稍远一些玩抛、接球的游戏，两人一组。

（3）两人背靠背活动：两名儿童各坐一个独脚凳，背靠背完成指定的抬腿、腿部分合活动。

十七、使用器材：跳袋

1.运动领域：前庭平衡觉、本体觉

2.训练方法

（1）让孩子进入袋中，双手提起袋沿，一起往前跳动。

（2）儿童按照指令往前后左右不同方向跳跃。

3.延伸活动

（1）两人竞赛：看看谁跳得快。

（2）跳跃障碍物：儿童运用跳袋越过或绕过障碍物。

（3）S行线路跳：儿童按照S行路线跳跃。

十八、使用器材：中小型球

1.运动领域：前庭平衡觉、本体觉

2.训练方法

（1）趴地推球：让儿童趴在地上，面对墙壁，距离墙壁约20厘米，挺胸、抬头，双臂悬空，双手将球水平推向墙壁，待球从墙壁弹回后接住再推向墙壁，如此反复。

（2）趴地抛球：让儿童趴在滑板上，面对墙壁，距离墙壁1米左右，双手抱一个小皮球或排球，往墙壁30～50厘米高的地方用力抛去，等球弹回时尽力接住弹回的球。

（3）对墙壁打球：让儿童手中拿一个小皮球，距离墙壁1～2米，面对墙壁站立，自己用力将球丢向墙壁，让球弹回，并尽量接住弹回的球。

3.延伸活动

（1）对墙壁踢球：让儿童站着面对墙壁，用脚踢球，用脚接或再踢弹回的球。

（2）拍球：儿童把球抛向地面，当球从地上弹起时再往下拍，看看能拍多少个。

十九、使用器材：平衡踩踏车

1.运动领域：前庭平衡觉、本体觉

2.训练方法

（1）手扶踩踏行走：儿童用手握住手柄，保持身体平衡，用脚的力量踩踏，使踩踏车前进或者后退。

（2）自由前进、后退：儿童双手叉腰或者平举，随意踩踏车子前进或者后退。

3.延伸活动

（1）抛接球游戏：儿童一边踩车前进或后退，一边与训练员玩抛接球游戏。

（2）投篮游戏：儿童一边踩车前进或后退，一边将球投入指定箱子里。

二十、使用器材：踩踏石

1.运动领域：前庭平衡觉、本体觉、触觉

2. 训练方法

（1）踩踏石上行走：将踩踏石排成一排，儿童在踩踏石上行走。

（2）反面行走：将踩踏石反面朝上，或者正反交叉摆放，儿童行走。

（3）牵绳子行走：用手拉住踩踏石的绳子，双脚踩住踩踏石正面（反面或者一正一反）双脚配合绳子行走。

3. 延伸活动

（1）绕障碍物行走：儿童运用踩踏石行走，绕过各种障碍物。

（2）S行路线行走：儿童运用踩踏石，按照预定的S行路线行走。

二十一、使用器材：章鱼帽

1. 运动领域：前庭平衡觉、本体觉、触觉

2. 训练方法

自由行走：将章鱼帽放置在儿童的头顶上，自由前进或者后退。

3. 延伸活动

（1）绕障碍物行走：儿童头顶章鱼帽行走，绕过各种障碍物。

（2）S行路线行走：儿童头顶章鱼帽行走，按照预定的S行路线行走。

（3）平衡木上行走：儿童头顶章鱼帽在平衡木上行走。

（4）平衡台活动：儿童头顶章鱼帽，在平衡台上做左右重心移动，并保持平衡。

二十二、使用器材：平衡圆

1. 运动领域：本体觉

2. 训练方法

（1）整圈活动：儿童在平衡圆上行走（正走、倒走、闭眼走、抱球走）。

（2）半圈活动：儿童躺在里面（站在里面）晃动或者攀爬游戏。

（3）四分之一圆活动：当做平衡台做同类活动。

（4）S行圆：儿童在S行圆上行走（前进或者倒退）爬行。

3.延伸活动

（1）抛接球：儿童躺在或者站在平衡圆里面玩抛接球游戏

（2）投球：儿童躺在或者站在平衡圆里面玩投球游戏

二十三、使用器材：蜜蜂步道

1.运动领域：触觉、前庭平衡觉

2.训练方法

（1）自由行走：儿童在蜜蜂步道上做前进、倒退行走。

（2）各种造型行走：儿童在摆成各种造型的蜜蜂步道上行走。

3.延伸活动

（1）抱球走：儿童双手抱球在蜜蜂步道上做前进、倒退行走。

（2）头顶物行走：儿童头顶章鱼帽在蜜蜂步道上做前进、倒退行走。

二十四、使用器材：过山石

1.运动领域：触觉、前庭平衡觉

2.训练方法

（1）自由行走：将过山石摆成一排，儿童在上面行走。

（2）各种造型行走：将过山石摆成各种造型，儿童在上面行走。

3.延伸活动

（1）抱球走：儿童双手抱球在过山石上行走。

（2）手扶呼啦圈行走：儿童双手扶住呼啦圈在过山石上行走。

（3）抛接球游戏：儿童站立在过山石的山顶上做抛接球游戏。

二十五、使用器材：跨栏

1.运动领域：前庭平衡觉、本体觉

2.训练方法

（1）跨越：将跨栏排成一排，儿童连续跨越。

（2）跳跃：将跨栏排成一排，儿童连续跳跃。

3.延伸活动

（1）头顶物跨越走：儿童头顶章鱼帽跨越栏杆。

（2）手脚协调跨越：将手脚印和跨栏交替摆放，儿童按照手脚印提示跨越。

二十六、使用器材：平衡触觉板

1.运动领域：前庭平衡觉、本体觉、触觉

2.训练方法

（1）行走：儿童在平衡触觉板上行走（前进或倒退）。

（2）各种路线行走：将平衡触觉板摆成各种造型，儿童在上面行走（行走或者倒退）。

3.延伸活动

（1）头顶物行走：儿童头顶章鱼帽在平衡触觉板上行走。

（2）抛接球：儿童在平衡触觉板上行走时玩抛接球游戏。

认知疗法

第四章 注意力

一、注意力训练

注意力是我们心理活动对外界一定事物的指向和集中，是我们完成任务的最基本能力。在我们给孩子做训练的过程中，孩子的注意力集中程度直接影响孩子的训练效果。注意力集中性可以让孩子将精力集中在当前的学习任务，排除外界的干扰；注意力稳定性可以让孩子保持较长时间的高度注意力，可以安静地坐下来学习。

注意力训练能使儿童的学习专注力得到有效提升。在训练时候要做到科学有序，一般可以从知觉（视知觉、动知觉等）进行训练与改善，接着进行记忆力的训练与改善。

孩子的注意力水平与手眼协调能力也有较为密切的联系，孩子手眼协调能力提升了，其动作灵活性自然就会好起来，身体协调能力也会得到大大提升。

二、视觉追踪训练

1.请你像我这样做（左手）。

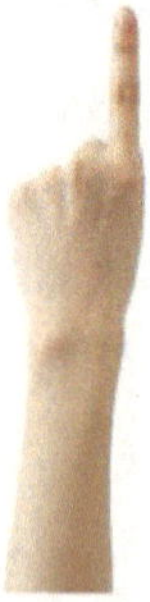

向上指

向下指

右

左

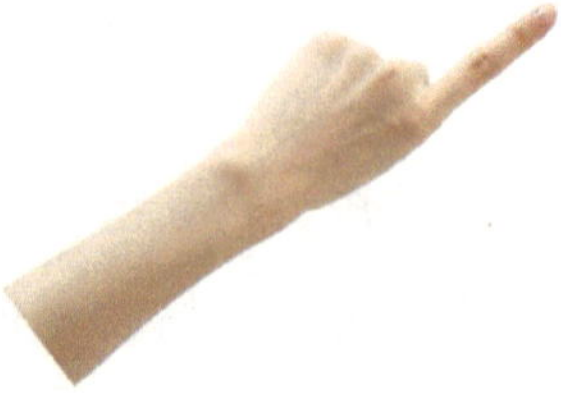

右上

右下

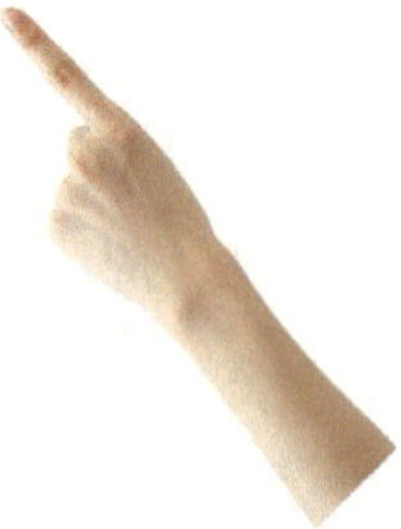

左上

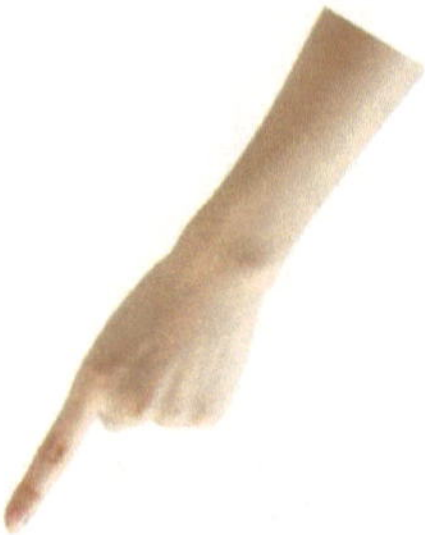

左下

2. 仔细看，我指的是哪个颜色。

图一

图二

图三

图四

图五

图六

图七

图八

图九

3. 你能说出我指的是哪个形状吗？

图一

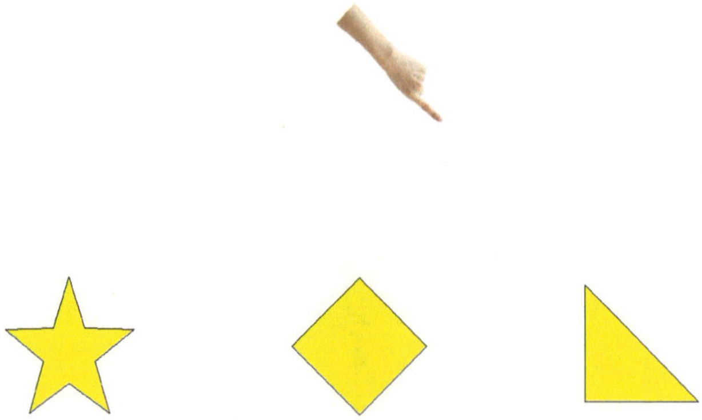

图二

图三

图四

图五

图六

图七

图八

4.测一测眼神：说说大头宝宝在看什么？

图一

图二

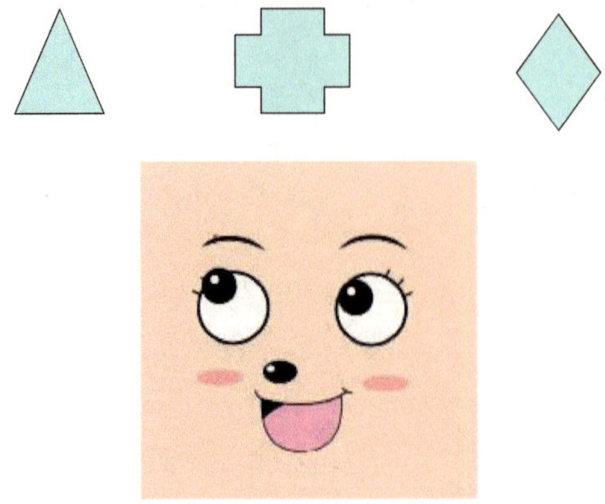

图三

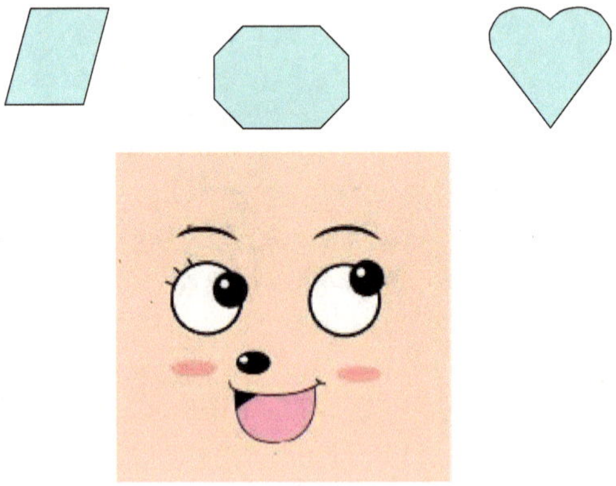

图四

图五

图六

图七

图八

第五章　观察力

一、找不同

说明：让幼儿认真观察图片，并能找出不同处，通过找不同培养和训练幼儿的观察能力。

1.下面的左右两幅图中各有一处不同，请你找一找。

2. 下面的左右两幅图中各有两处不同，请你找一找。

3. 下面的左右两幅图中各有三处不同，请你找一找。

二、找相同

说明：让幼儿认真观察图片，并能从下框中找出与上边图片匹配的图片，通过找相同培养和训练幼儿的观察能力。

1.请你在两幅图中找出和示范图一样的图片。

2. 请你在三幅图中找出和示范图一样的图片。

3. 请你在四幅图中找出和示范图一样的图片。

三、找影子

让幼儿认真观察图中提供的实物和影子，并能把相对应的实物和影子搭配在一起，通过找影子培养和训练幼儿的观察能力。

1. 找出下面物品的影子，连一连。

2. 找出下面动物的影子，连一连。

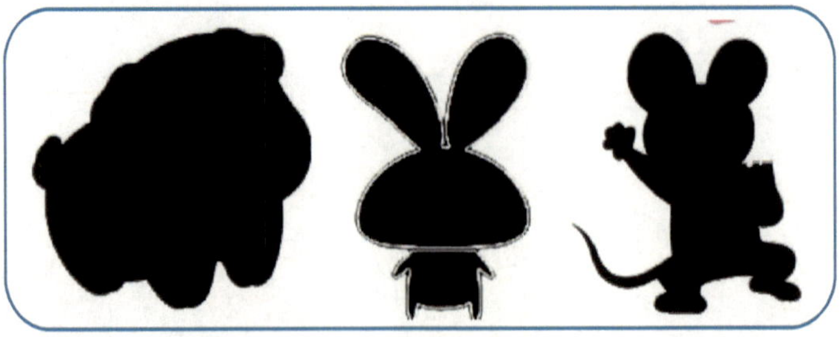

3. 找出下面树叶的影子，请连一连。

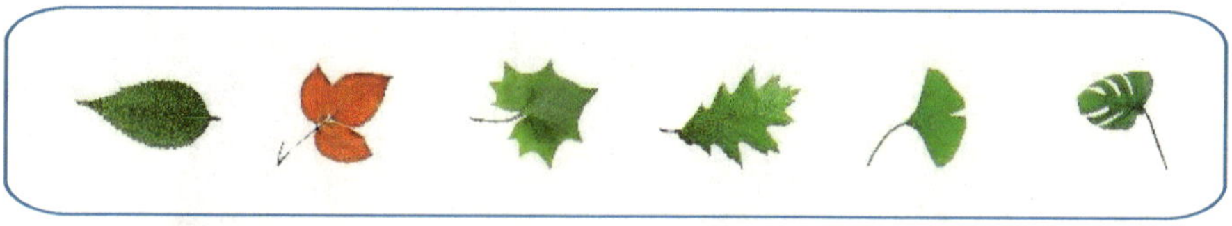

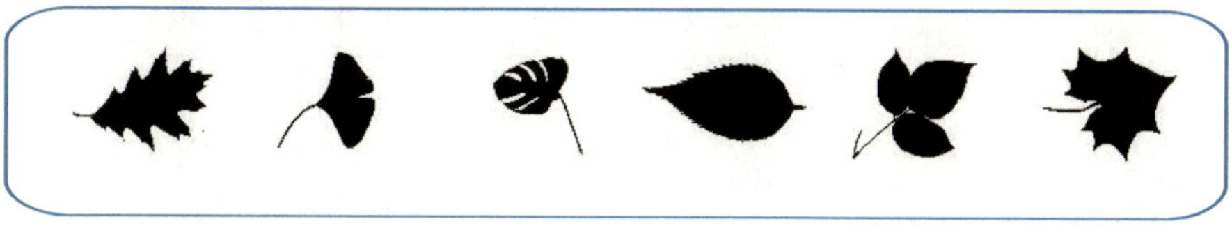

四、环境感知

说明：让幼儿认真观察图片所对应的季节，通过对环境感知的练习，培养和训练幼儿的观察能力。

1. 认真观察下面的图片，连线。

夏天

冬天

2. 请将服饰与对应的季节连一连。

第六章　记忆力

一、分类能力

(一) 记数字

说明：提供几组由少到多的数字图片，通过幼儿认真地观察、短时记忆，选出相同数字，训练幼儿记忆数字的能力。

请你仔细看一看，然后将数字遮盖，把刚刚看到的数字按顺序填在下面的空格中。

1.

0　1	

2.

1　3　2	

3.

2　9　4　1	

4.

3 7 6 2 1	

5.

9 2 7 4 0 1	

（二）记颜色

说明：提供几组排列的颜色图片，让幼儿观察，凭借记忆挑选出相同的颜色并按顺序排列出来，训练幼儿辨色及色彩记忆的能力。

看一看，然后将图片盖住，把刚刚看到的图片按颜色顺序将序号填写在空格内。

1.

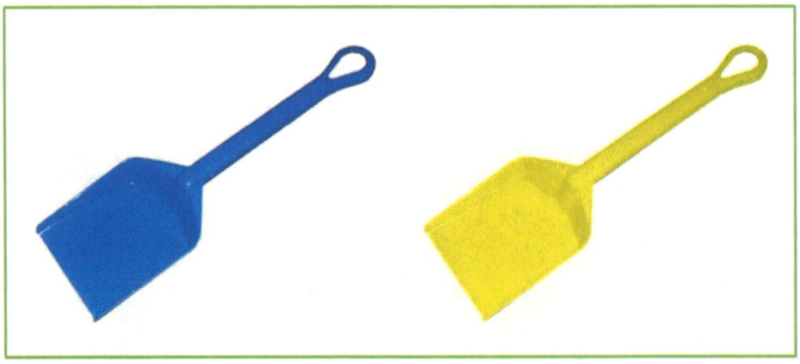

2.

3.

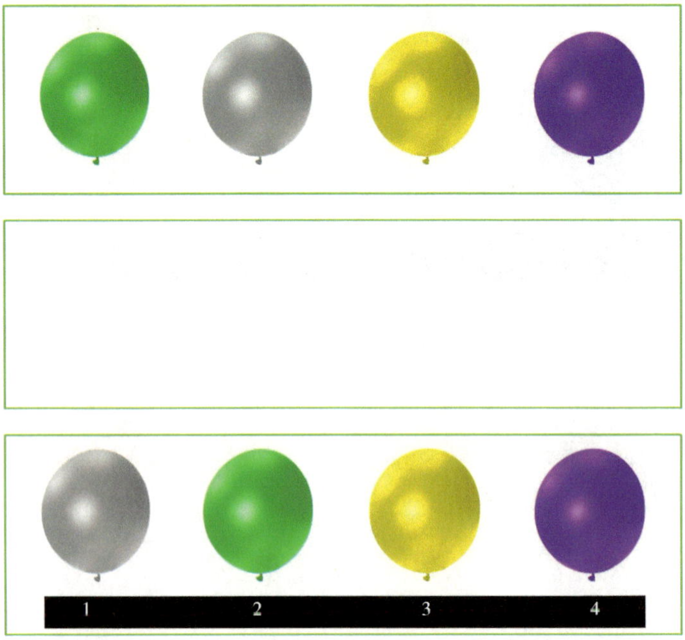

4.

（三）短期视觉记忆

说明：提供几组排列的图片，让幼儿观察，凭借记忆挑选出相同的图片条并按顺序排列出来，训练学生辨别图片记忆的能力。

记住这些图片，然后将它们遮起来，从最下面的图片中找到刚刚看到的图片将序号按顺序填写在空格处。

1.

2.

3.

4.

1 2 3 4 5

二、分类能力

（一）材质分类

说明：通过几组事物不同选材的归类练习，帮助幼儿了解、认识和掌握不同事物的共性，拓展学生的知识，训练幼儿的分类能力。

请你将下图材质一样的物品连在一起。

1.

2.

3.

（二）功能分类

说明：让幼儿从每组提供的图片中找出一种不同于其他功能的图片，帮助幼儿了解、掌握和识别更多物品的功能，训练学生的分类能力。

请你从下图中找出与出示图功能相同的图片，并将它们连在一起。

1.

2.

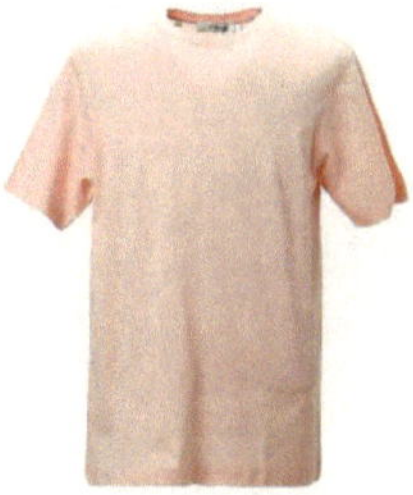

3.

4.

（三）事物分类

说明：通过几组动物、水果、蔬菜、交通工具图片的归类练习，帮助幼儿了解、认识和掌握物品的类别，训练学生的分类能力。

请你将相同类别的事物图片连在一起。

1.

2.

3.

4.

5.

（四）形状分类

说明：通过由形状组成的实物的归类练习，帮助幼儿掌握并识别各种形状，训练幼儿的分类能力。

将下图实物形状相同的图片连在一起。

1.

2.

3.

（五）颜色分类

说明：通过颜色归类练习，帮助幼儿掌握并识别各种颜色，训练幼儿的分类能力。

找一找，颜色一样的。

1.

2.

3.

三、推理能力

（一）类比推理

说明：要求幼儿能够按照图形的大小、颜色、数量、方位、对称、旋转等关系进行类比推理。

请幼儿观察左边的目标图片，再从右边选出能拼成左边几何图形的图片。

1.

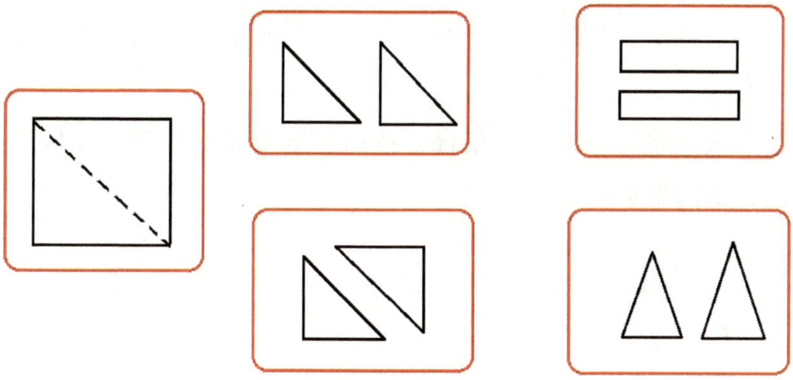

2.

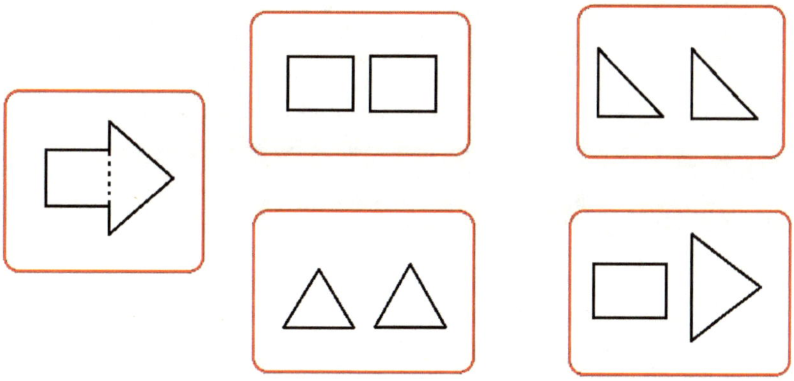

3.

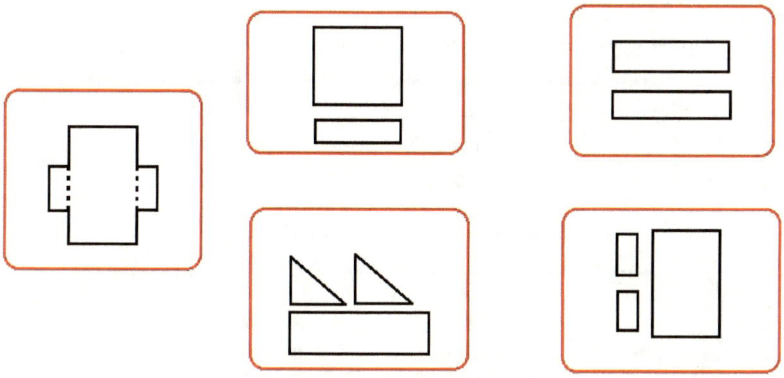

（二）序列推理

说明：要求幼儿能够发现一系列数字之间简单的变化规律，并按此规律进行推理。

请幼儿观察最上方的数字组合，找出数字组合的规律，并从最下方数字中找出合适的数字。

1.

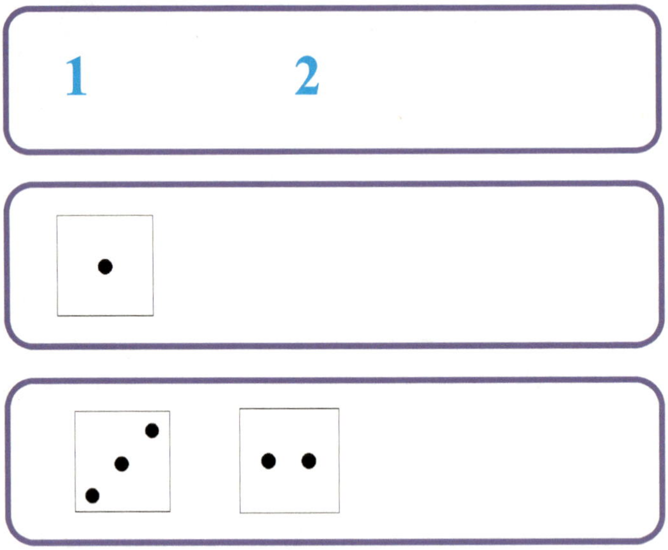

2.

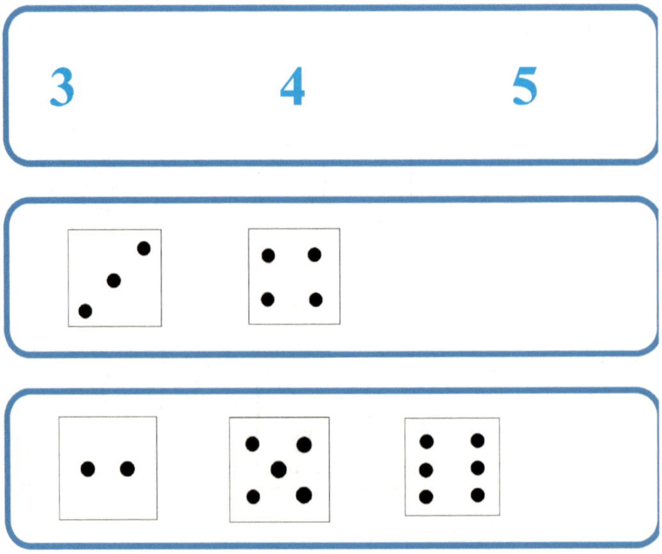

3.

6 7 8 9

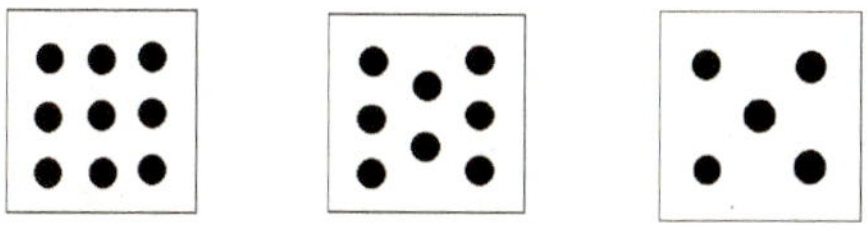

4.

1

2 5

5.

3 4

2 5

6.

	8	9

4	5	7

（三）情景推理

说明：要求幼儿能够发现图片的规律，发展幼儿的注意力、观察力，提高幼儿的情景序列推理能力。

观察情景框里的图片，想一想，选择正确的图片连到最右边的框里。

1.

2.

3.

4.

5.

6.

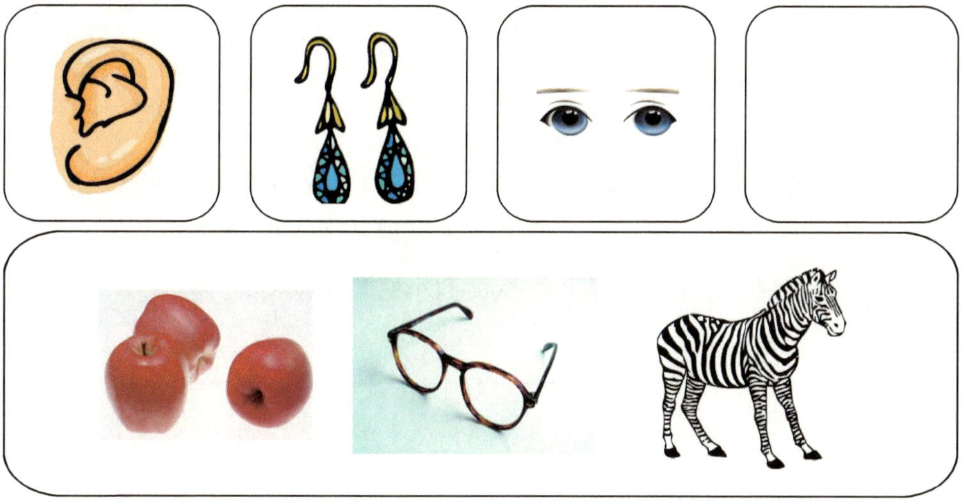

7.

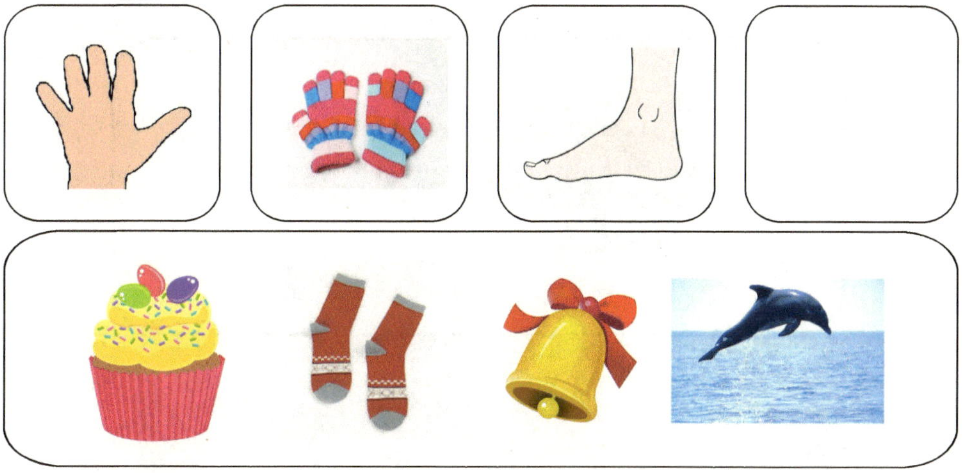

8.

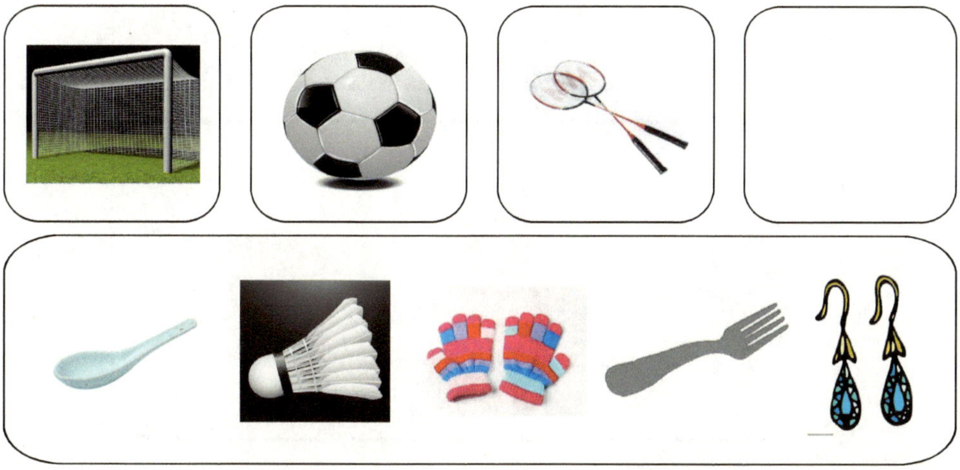

四、空间概念

（一）大小的感知

说明：通过比较和测量等，让幼儿能感知和区分物体之间的差异，促进幼儿对大小、长短、轻重等各种基本物理属性的认知。

请仔细观察，将下方的图片按从大到小的顺序排列。

1.

1　　2

2.

1　　2　　3

3.

4.

（二）方位感知

说明：从概念习得出发，幼儿获得空间方位概念的顺序依次为“上、下、前、后、里、外、左、右”，按照这一次序训练幼儿的空间方位概念。

1. 说一说，猴子在树的上面还是下面。

2. 说一说，小朋友在桌子的前面还是后面。

3. 说一说，球在盒子的里面还是外面。

4.说一说，每幅图中猫在床的什么位置。

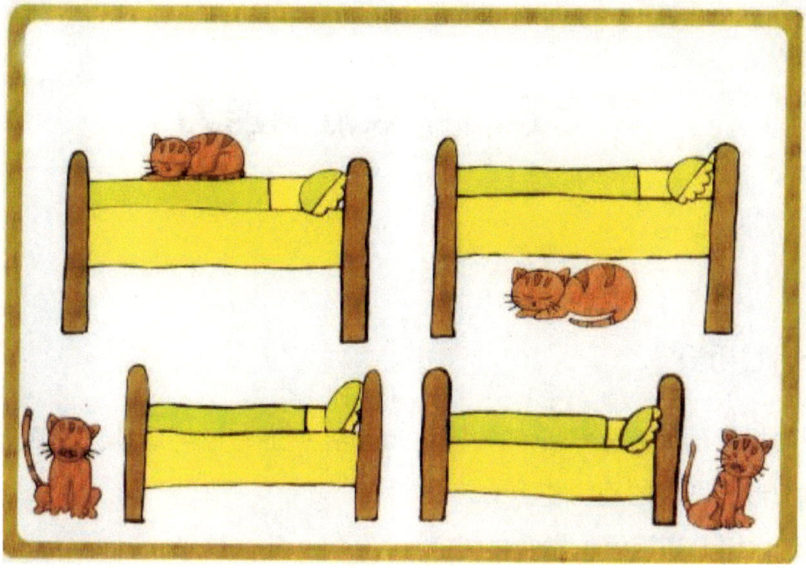

第七章　手眼协调能力

一、七巧板

说明：让幼儿观察，记忆并模仿动手拼一拼，训练幼儿的手眼协调能力及对图形、图像的理解能力。

1. 请你用七巧板模仿拼一拼楼房。

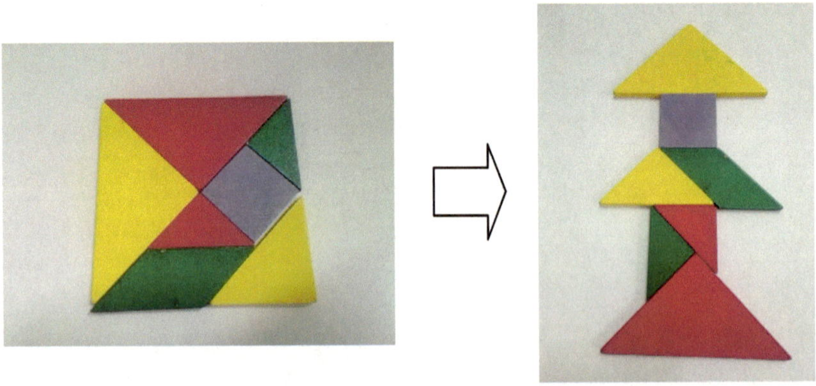

2. 请你用七巧板模仿拼一拼老鹰。

3. 请你用七巧板模仿拼一拼马。

4. 请你用七巧板模仿拼一拼海鸟。

5. 请你用七巧板模仿拼一拼鸟。

6. 请你用七巧板模仿拼一拼天鹅。

7. 请你用七巧板模仿拼一拼鹅。

8. 请你用七巧板模仿拼一拼房屋。

9.请你用七巧板模仿拼一拼鱼

二、折纸

说明：让幼儿观察，记忆并模仿动手折一折，训练幼儿的手眼协调能力和记忆能力。

1.先来一起对齐折一折吧！

第一步：折纸边对边折叠一次。

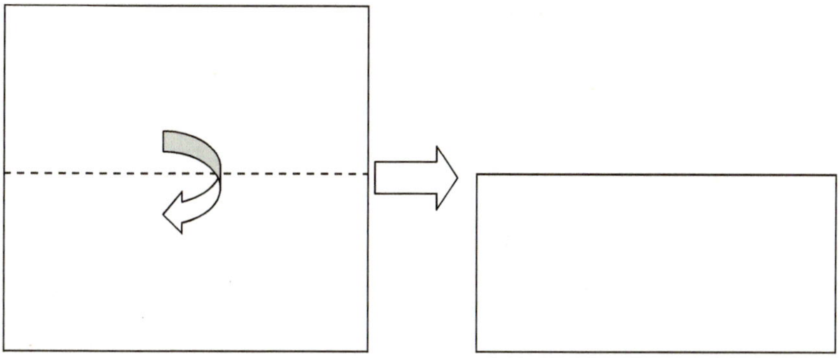

第二步：折纸边对边折叠两次。

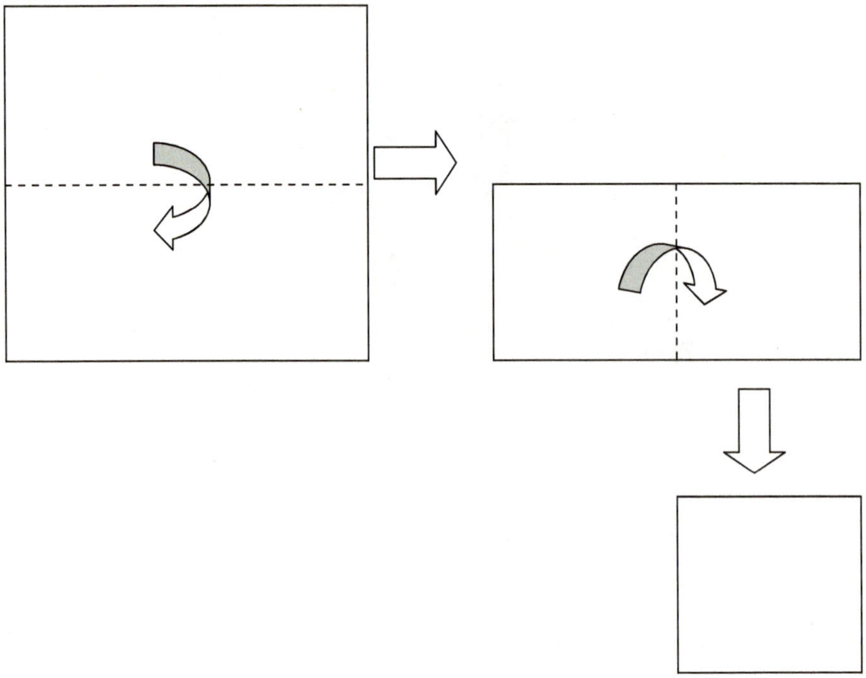

第三步：将折纸角对角折叠一次。

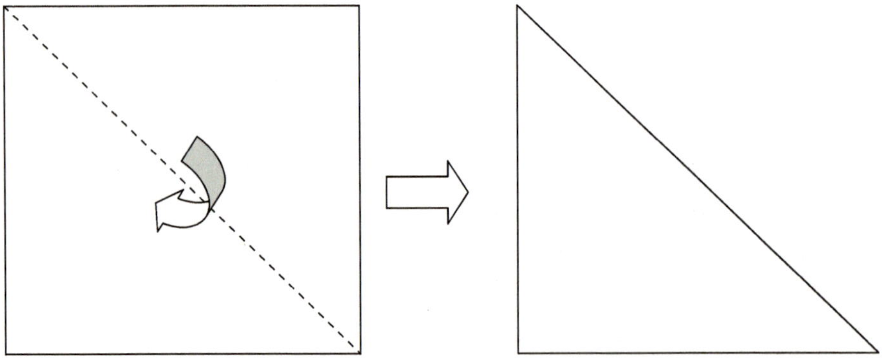

第四步：折纸角对角折叠两次。

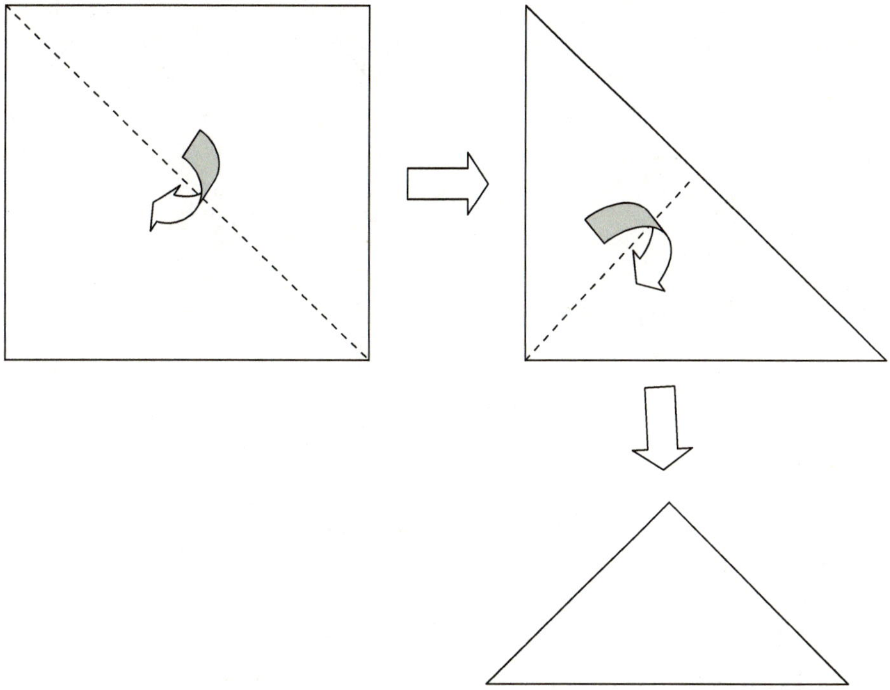

2.折一折小狐狸。

（1）按第三步将折纸对折一次得到三角形；

（2）将三角形的顶点按中线对折得到一个梯形。

（3）将两边都对折上去。

（4）翻面，为它加上眼睛和鼻子，小狐狸就完成了！

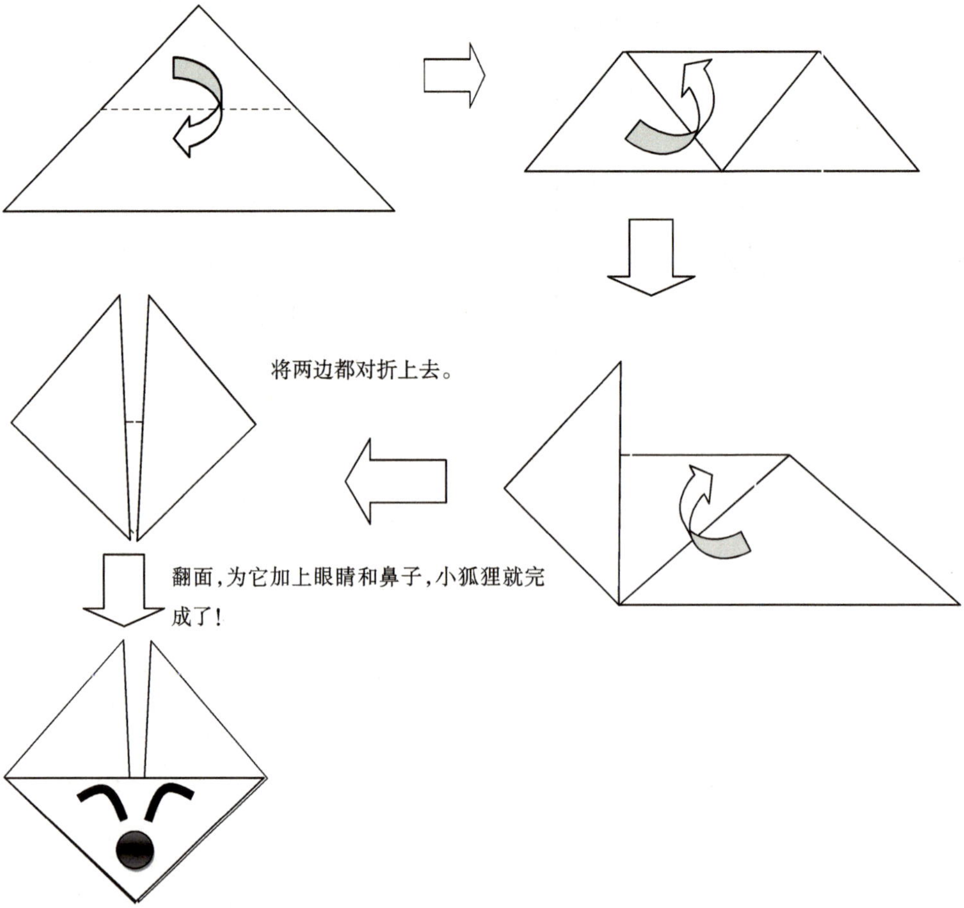

现在要提升难度了，先来一起来折一些基础图形吧！

3.基础三角

（1）先按照之前第二步的方法对折两次折纸得到小正方形，然后翻折出角。

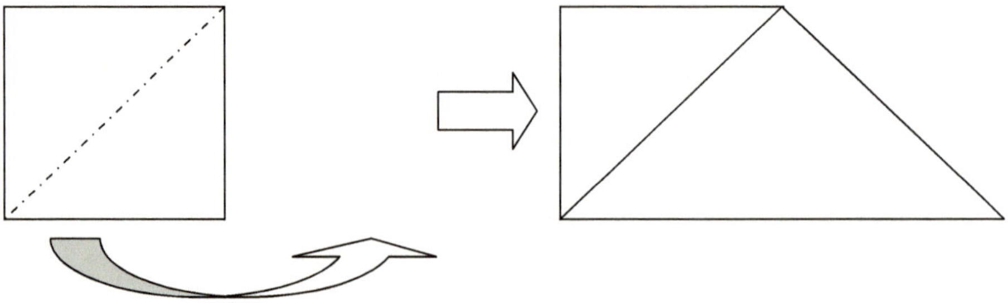

（2）捏住角拉开，翻一面，重复操作。

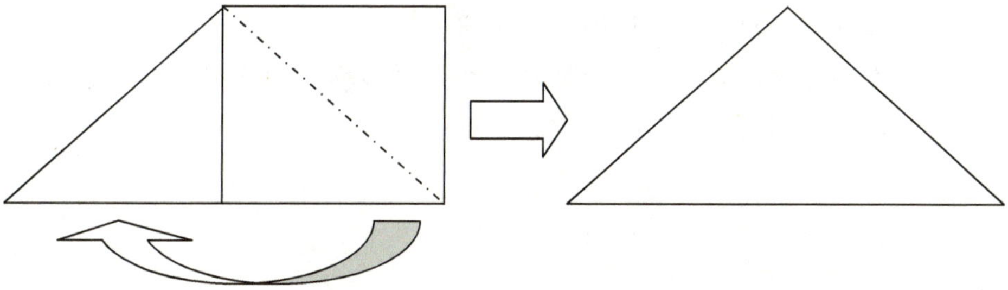

4. 基础方形

（1）先按照第四步的方法对折两次折纸折出小三角形，然后翻折出方形。

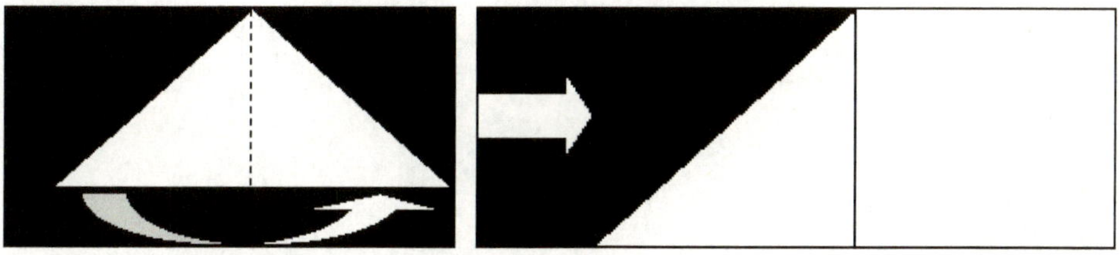

（2）翻一面，重复操作。

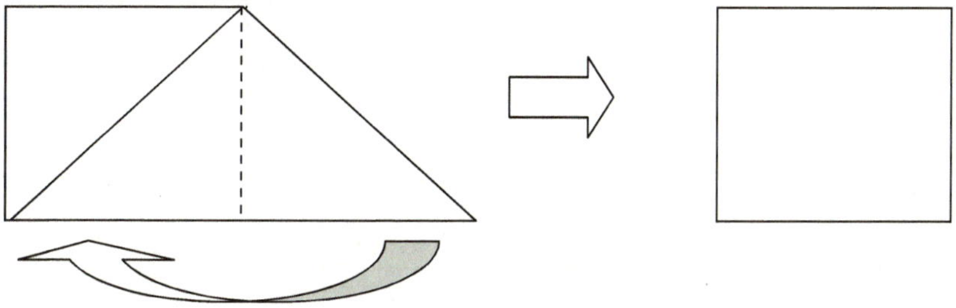

5.折一折小鱼

（1）先按照前面的方法折出基础三角。

（2）将基础三角的一条侧边与三分线对齐折叠，再将另一边折下来。

（3）翻面，给他加上眼睛，小鱼就完成了。

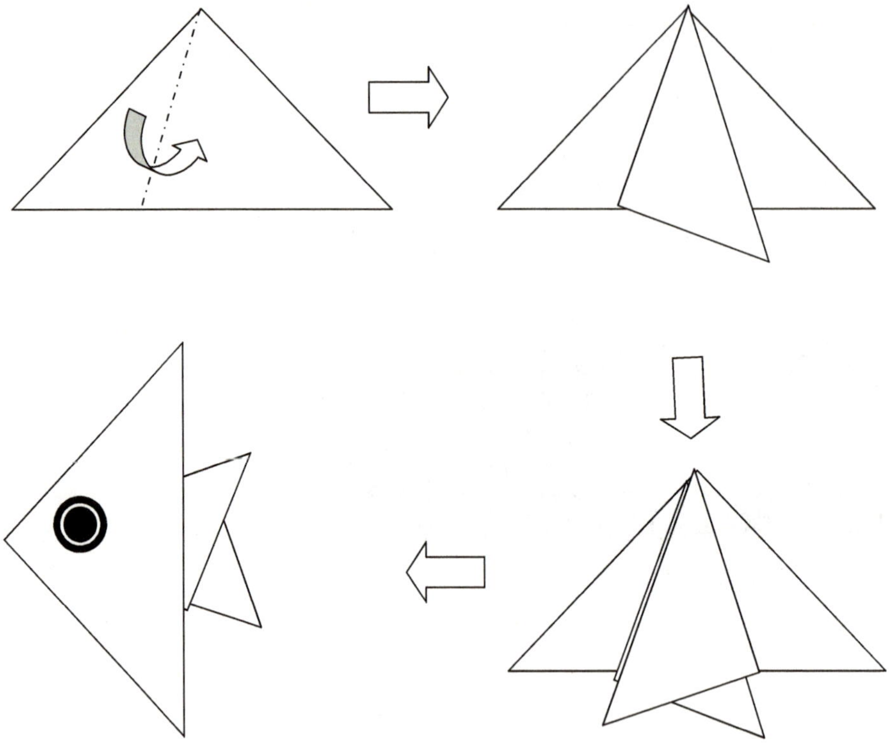

第八章　认识词汇

一、名词

1.身体部位

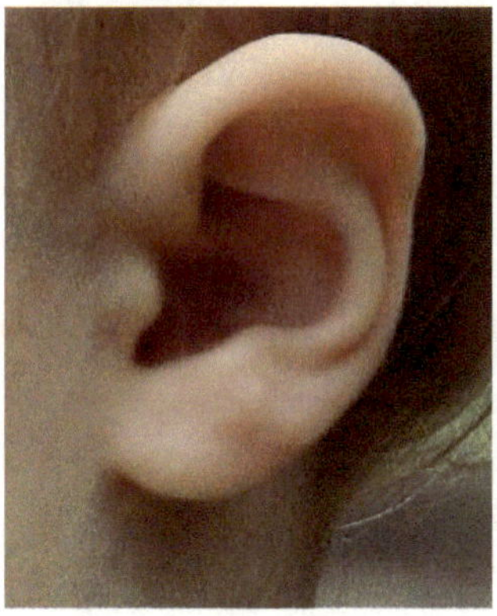

ěr duo
耳朵

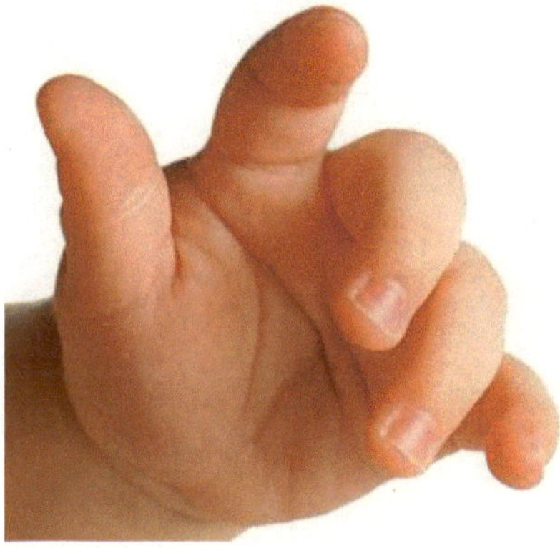

shǒu
手

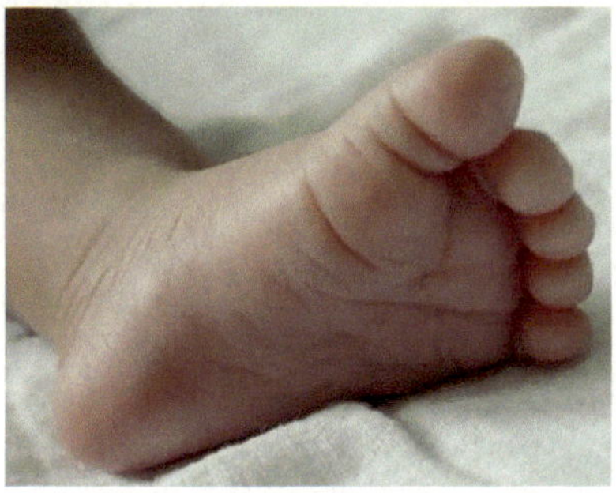

jiǎo
脚

2. 家具

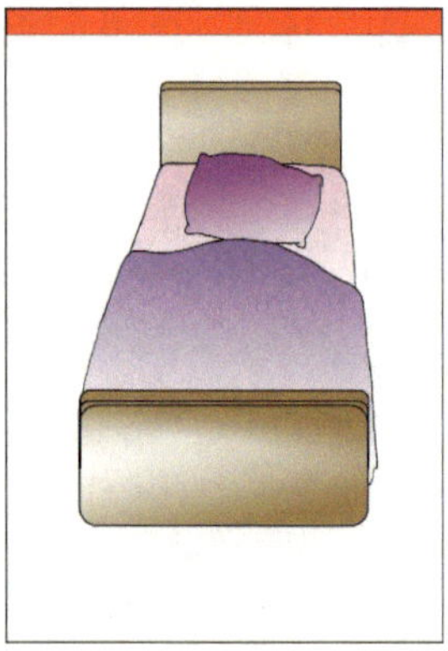

chuáng
床

yǐ zi
椅子

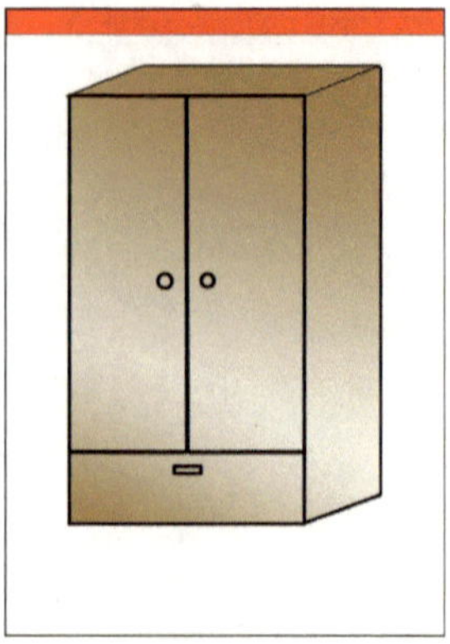

guì zi
柜子

3. 餐具

bēi zi
杯子

wǎn
碗

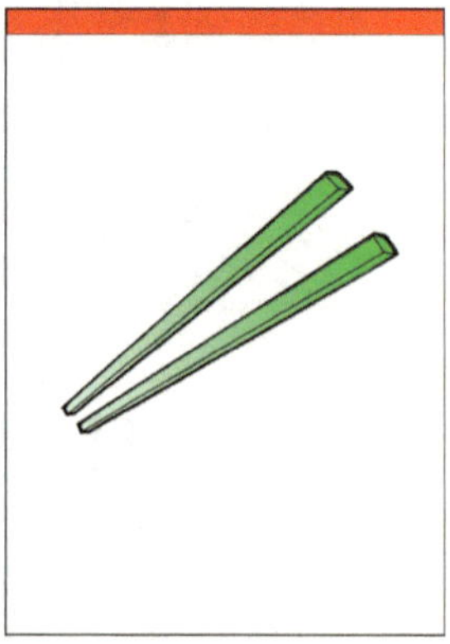

kuài zi
筷子

4.动物

看图理解词汇意思并说出动物名称。

lǎo shǔ
老鼠

niú
牛

lǎo hǔ
老虎

tù
兔

mǎ
马

yáng
羊

hóu zi
猴子

jī
鸡

gǒu
狗

zhū
猪

xiàng
象

cháng jǐng lù
长颈鹿

二、动词

看图理解词汇意思并说出动作名称。

zhàn
站

zǒu
走

zuò
坐

chī fàn
吃饭

shuì jiào
睡觉

kàn shū
看书

xǐ wǎn
洗碗

sǎo dì
扫地

tīng diàn huà
听电话

cā zhuō zi
擦桌子

shōu shi shū bāo
收拾书包

三、形容词

看图理解词汇意思并说出名称。

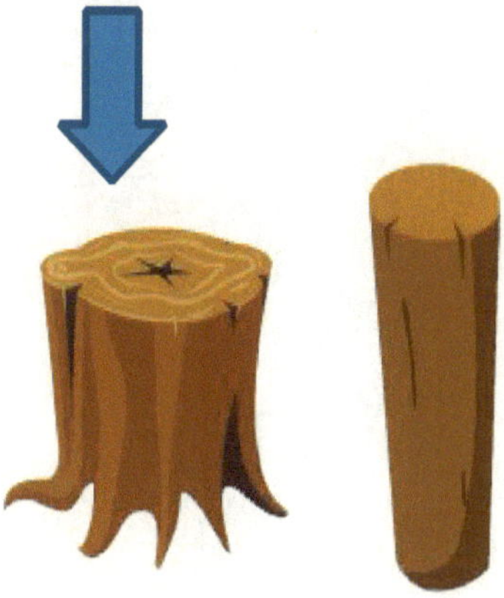

cū
粗

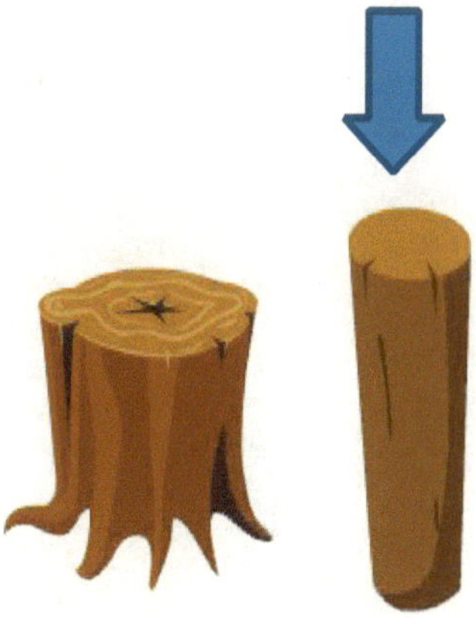

xì
细

gāo
高

ǎi
矮

cháng
长

duǎn
短

shòu
瘦

pàng
胖

四、量词

yī duǒ huā
一朵花

yī gè píng guǒ
一个苹果

yī jiàn yī fu
一件衣服

yī shuāng xié
一双鞋

yī tái diàn nǎo
一台电脑

yī tiáo yú
一条鱼

yī zhī xiǎo gǒu
一只小狗

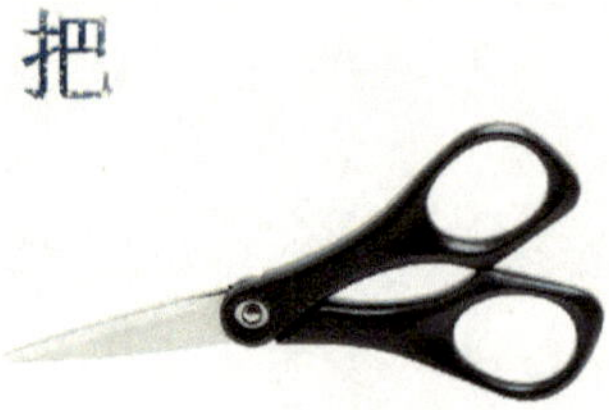

yī bǎ jiǎn dāo
一把剪刀

yī gēn xiāng jiāo
一根香蕉

yī wǎn zhōu
一碗粥

yī zhāng zhǐ
一张纸

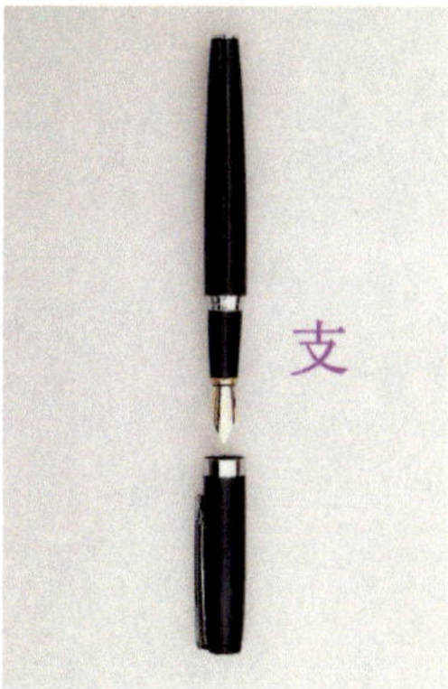

yī zhī bǐ
一支笔

五、礼貌用语

看图理解词汇意思并说出名称。

lǎo shī hǎo
老师好

xiè xie
谢谢

huān yíng
欢迎

wǎn ān
晚安

gǎn xiè
感谢

nǐ hǎo
你好

zài jiàn
再见

zǎo ān
早安

工作任务分析

第九章 幼儿生活自理能力

特殊儿童的生活教育，即在生活历程、社会环境中，为特殊儿童实施“教学做合一”的教育。生活技能训练是对特殊儿童必备生活技能的训练。特殊儿童的学习特点与普通儿童不同，他们学习的目的性较差，不易理解教师和家长教授的言语知识，他们往往是在操作、感受、体验中学习，在活动中建构知识。因此，特殊儿童必须通过系统的训练，才能掌握生活技能，进而融入社会，过上独立、有自尊的生活。

工作任务分析是现代行为科学在教育学科上被广泛采纳与运用的方法。工作任务分析，指对某一技能或工作（整体的工作目标），依其顺序或构成而做的分解（分解为小阶段、小步骤、小目标），通过教学策略的实施，进行各小目标及最后目标的评量，最后整体工作完成。这是一系列化整为零、化繁为简、步步为营、再化零为整，最后通过综合的分析评量工作的过程，也是一种训练方法。

工作分析作为应用行为分析（ABA）理论的一种重要方法，被广泛应用于特殊人群的职业训练中。在课题研究中，课题组采用视觉提示的方法，将每项工作分解成许多小的动作单元。在训练时按照工作分析法中正向链接法、逆向链接法、完全任务法呈现，循序渐进、由简到繁地完成。

1.起床

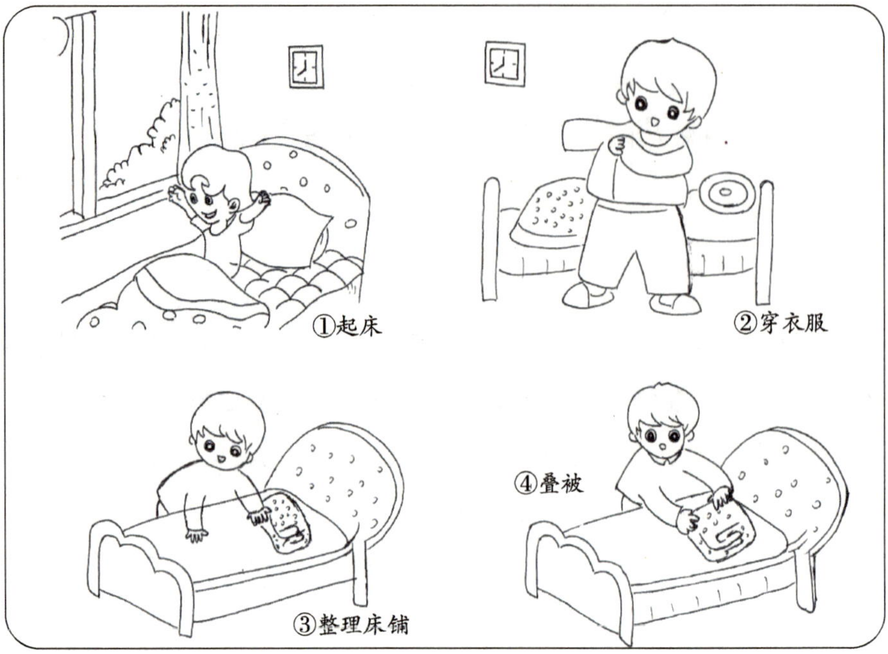

2. 穿有拉链的衣服

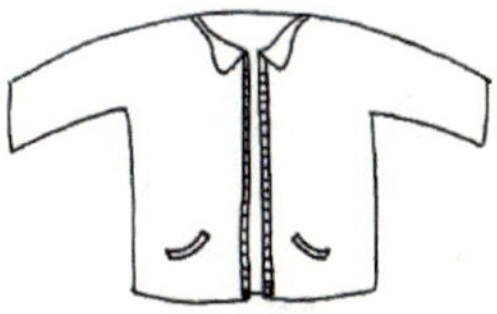
①把衣服铺平整

②分清前后

③把衣服披在肩上

④穿一边的袖子

⑤穿另一边的袖子

⑥衣服理整齐

⑦穿进拉链头

⑧拉好拉链

3.穿套头衫

①认识套衫的组成部分

②分清前后

③两手抓住衣边

④把头穿进领口

⑤一手穿进袖子

⑥另一手穿进另一只袖子

⑦整理衣服

⑧整理好衣领

4.系扣子

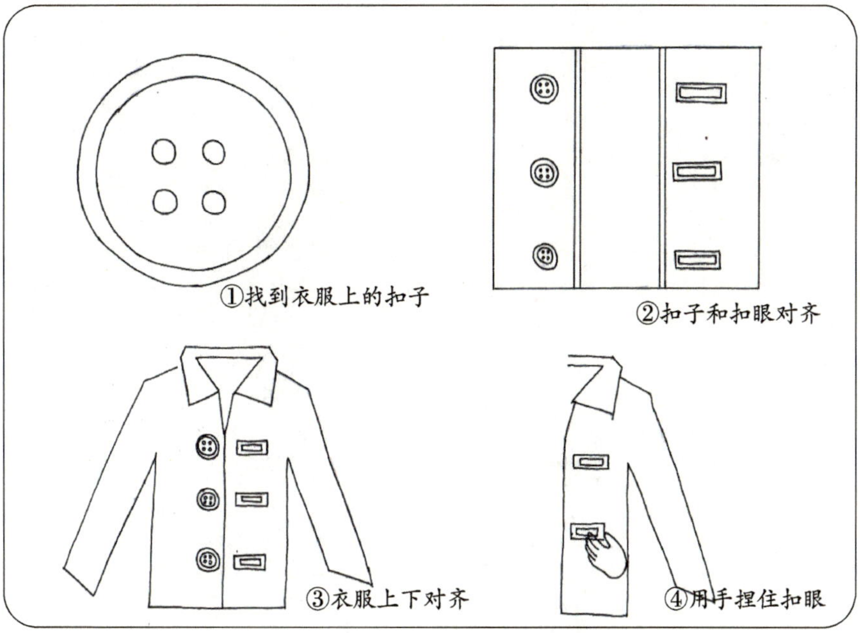
①找到衣服上的扣子
②扣子和扣眼对齐
③衣服上下对齐
④用手捏住扣眼

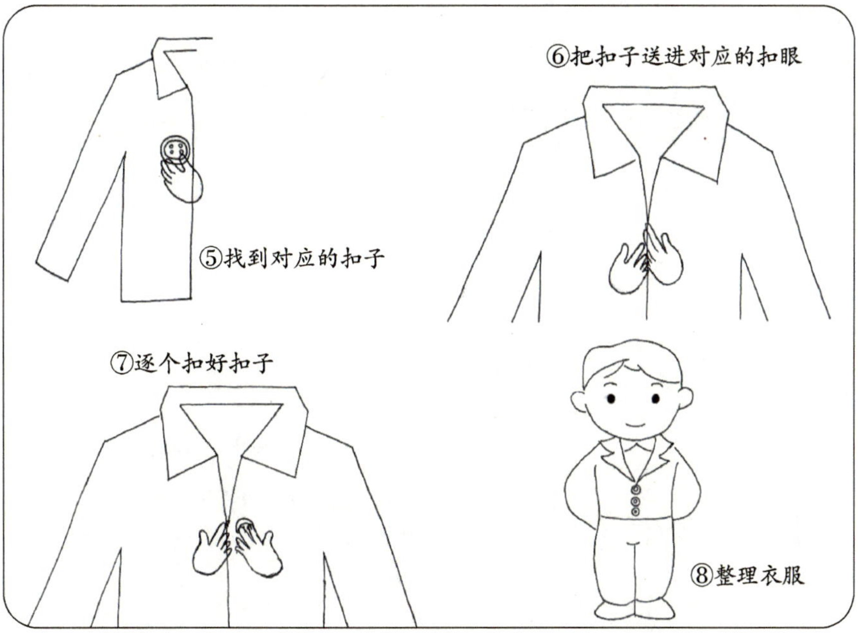
⑤找到对应的扣子
⑥把扣子送进对应的扣眼
⑦逐个扣好扣子
⑧整理衣服

5.穿裤子

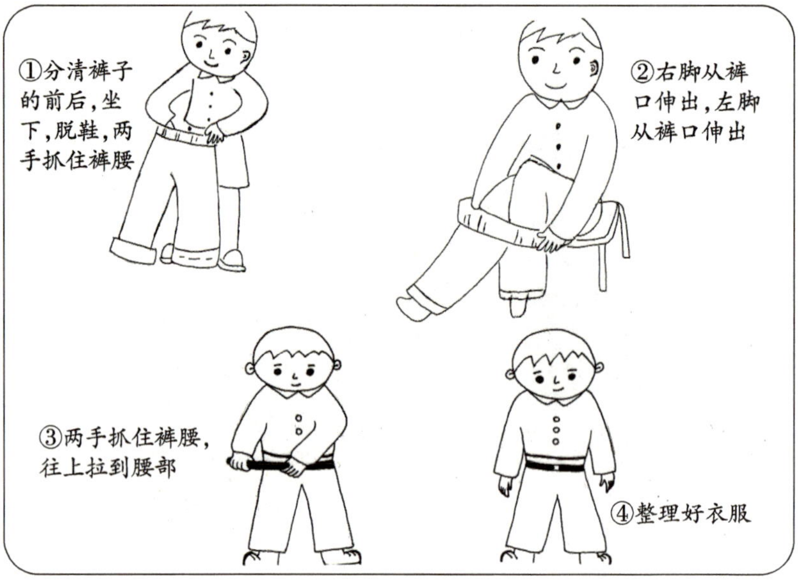
①分清裤子的前后，坐下，脱鞋，两手抓住裤腰
②右脚从裤口伸出，左脚从裤口伸出
③两手抓住裤腰，往上拉到腰部
④整理好衣服

6.穿袜子

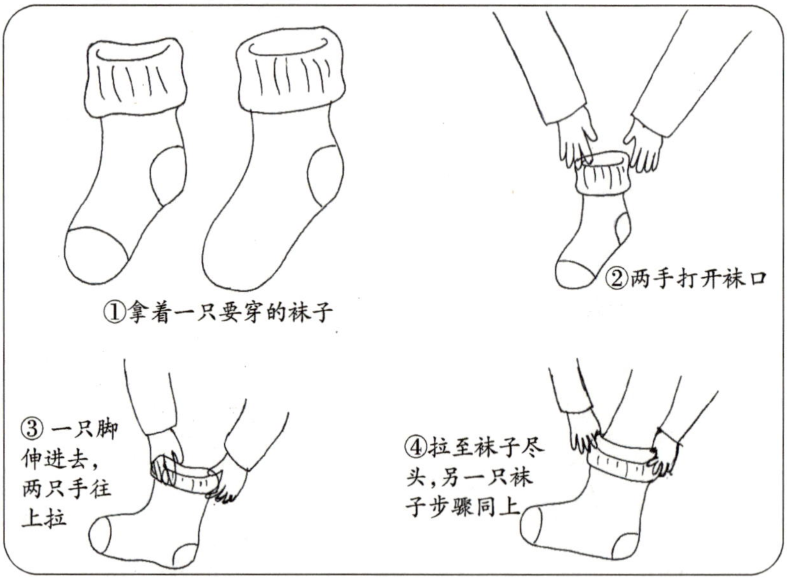
①拿着一只要穿的袜子
②两手打开袜口
③一只脚伸进去，两只手往上拉
④拉至袜子尽头，另一只袜子步骤同上

7. 系鞋带

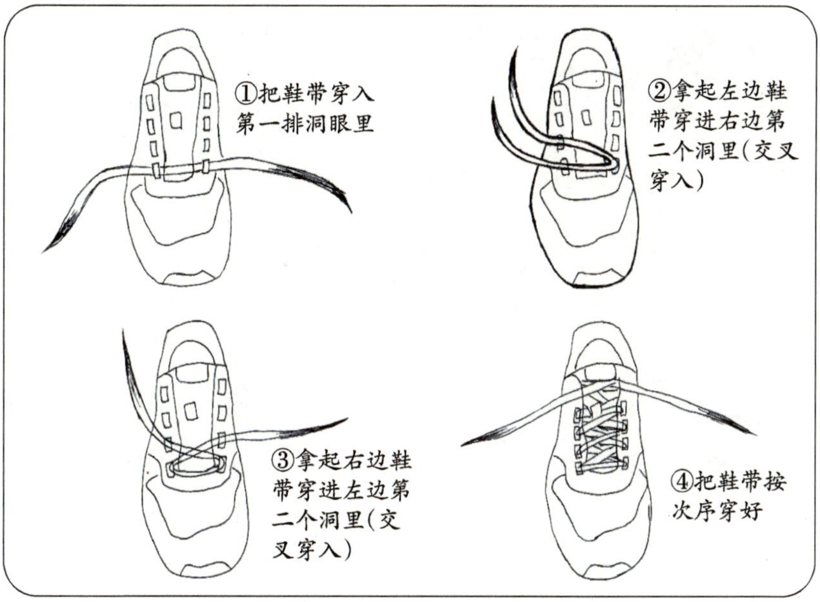
①把鞋带穿入第一排洞眼里
②拿起左边鞋带穿进右边第二个洞里(交叉穿入)
③拿起右边鞋带穿进左边第二个洞里(交叉穿入)
④把鞋带按次序穿好

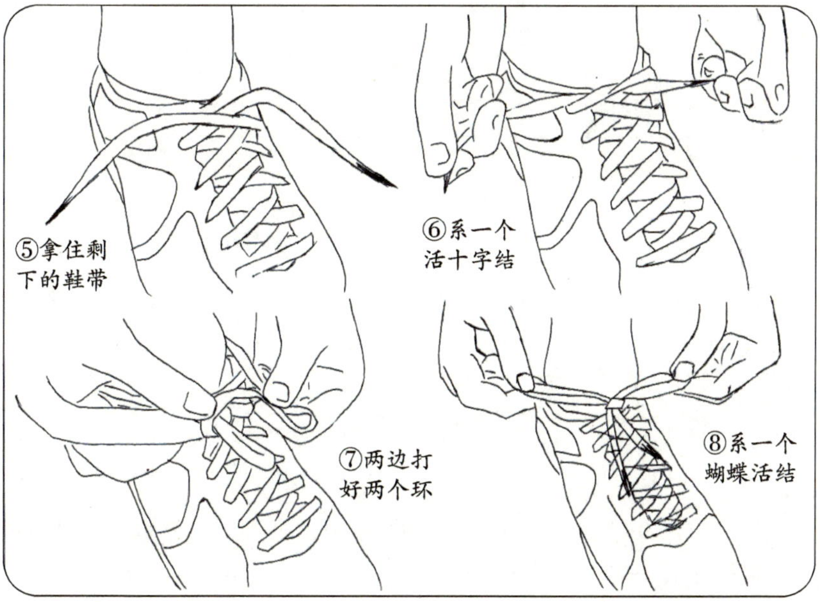
⑤拿住剩下的鞋带
⑥系一个活十字结
⑦两边打好两个环
⑧系一个蝴蝶活结

8. 叠被子

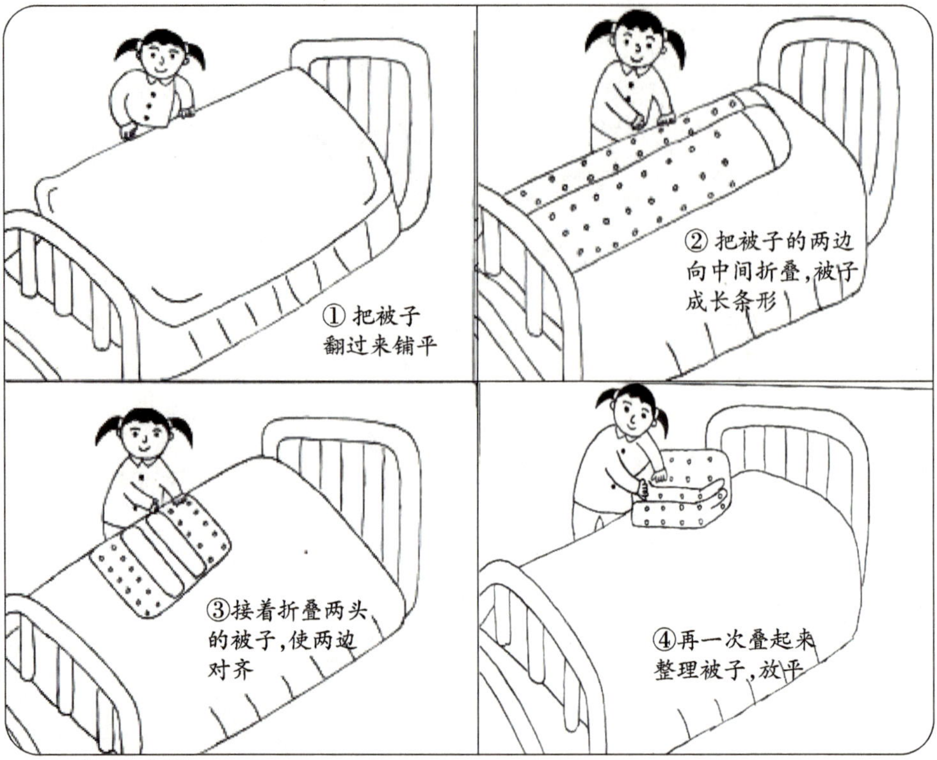
① 把被子
翻过来铺平
② 把被子的两边
向中间折叠，被子
成长条形
③接着折叠两头
的被子，使两边
对齐
④再一次叠起来
整理被子，放平

9. 整理床铺

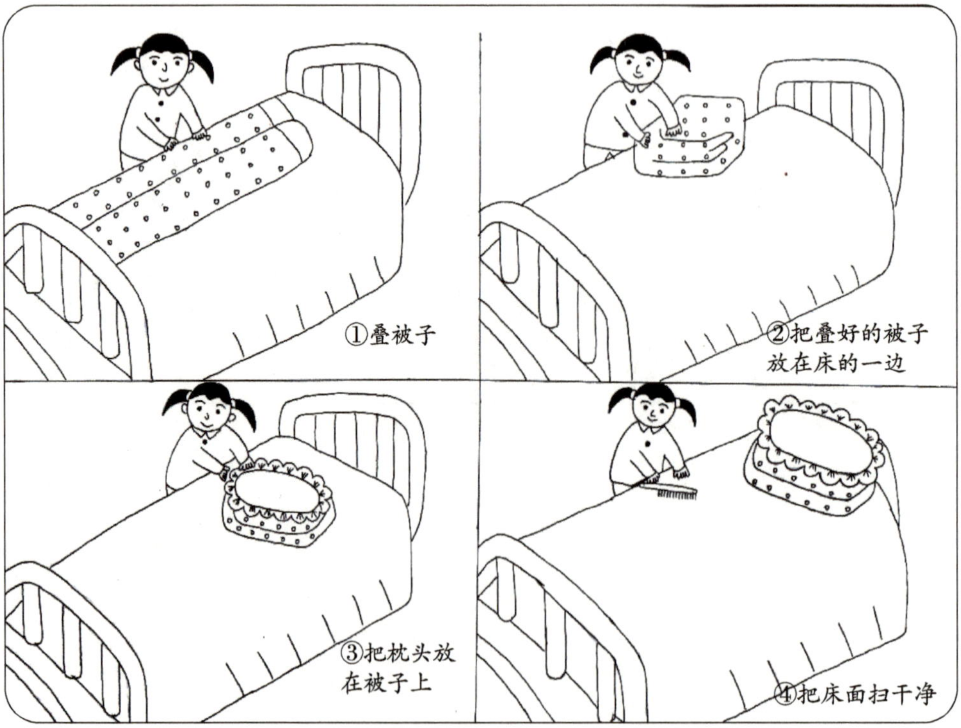
①叠被子
②把叠好的被子
放在床的一边
③把枕头放
在被子上
④把床面扫干净

10.洗脸

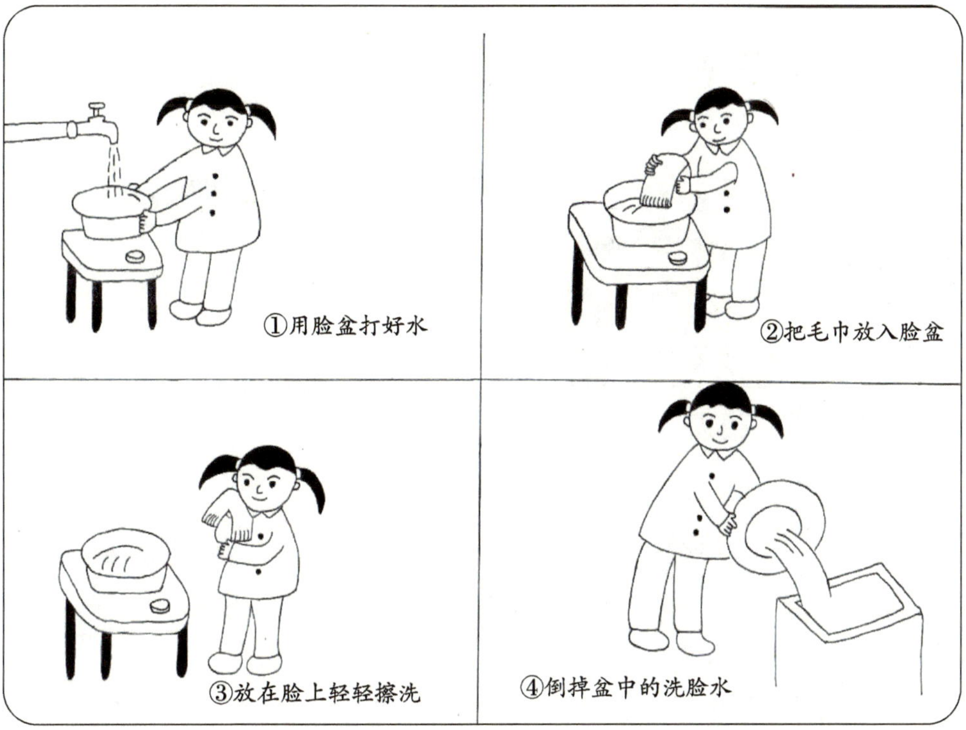
①用脸盆打好水
②把毛巾放入脸盆
③放在脸上轻轻擦洗
④倒掉盆中的洗脸水

11.开门

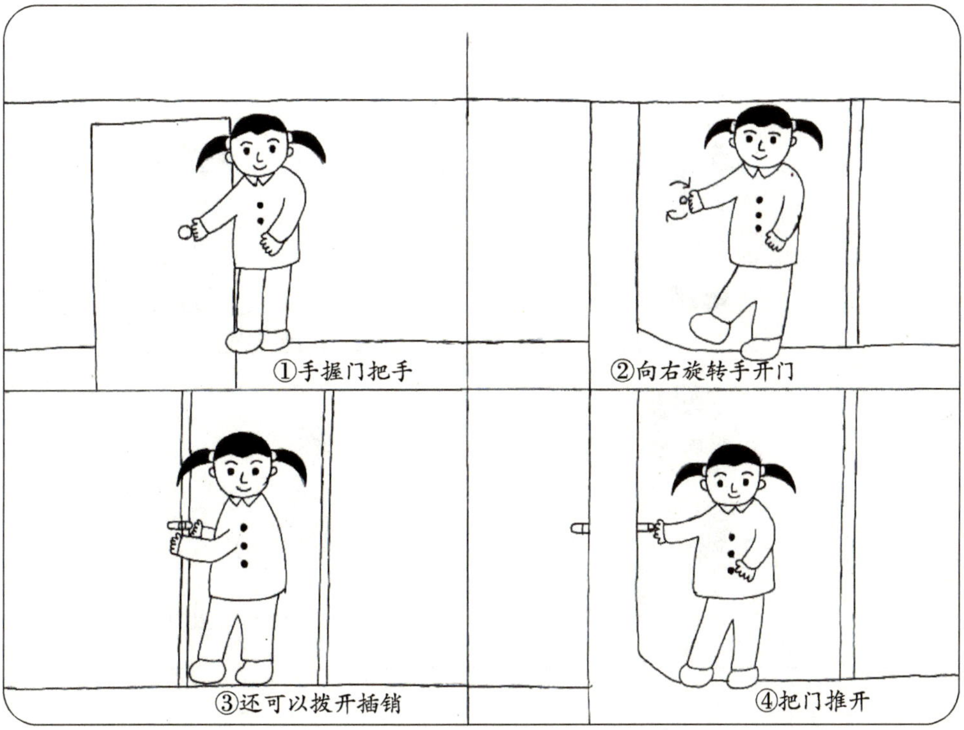
①手握门把手
②向右旋转手开门
③还可以拔开插销
④把门推开

12. 开灯

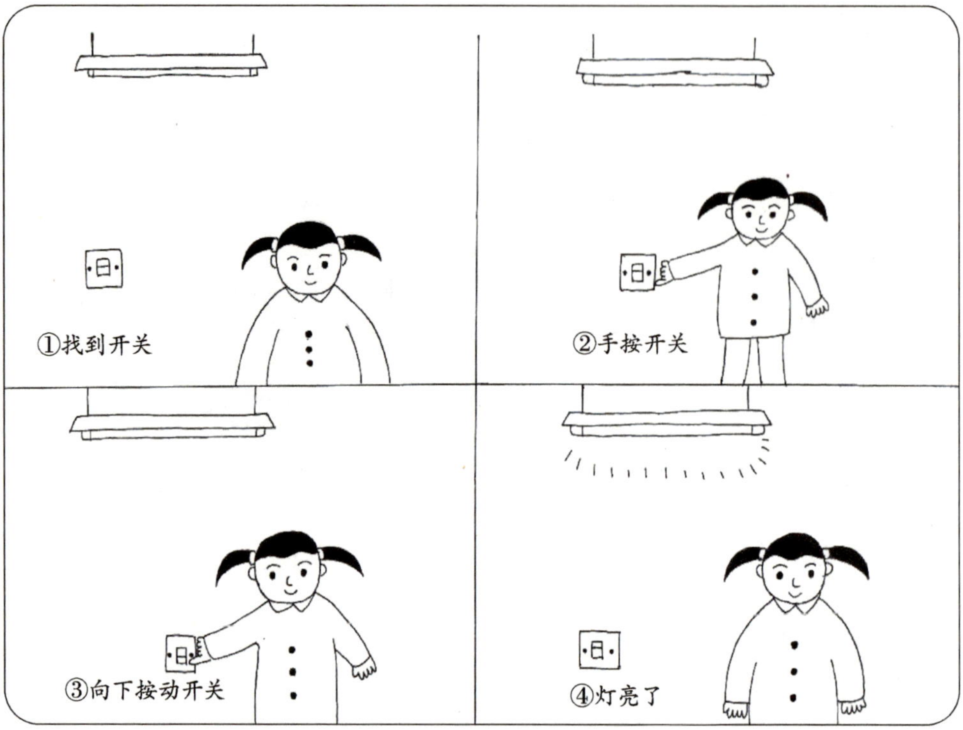
①找到开关
②手按开关
③向下按动开关
④灯亮了

13. 上厕所

男 厕
①认清男女厕所
②走进厕所脱裤子
③解便
④用手纸把屁股擦干净

14.洗手

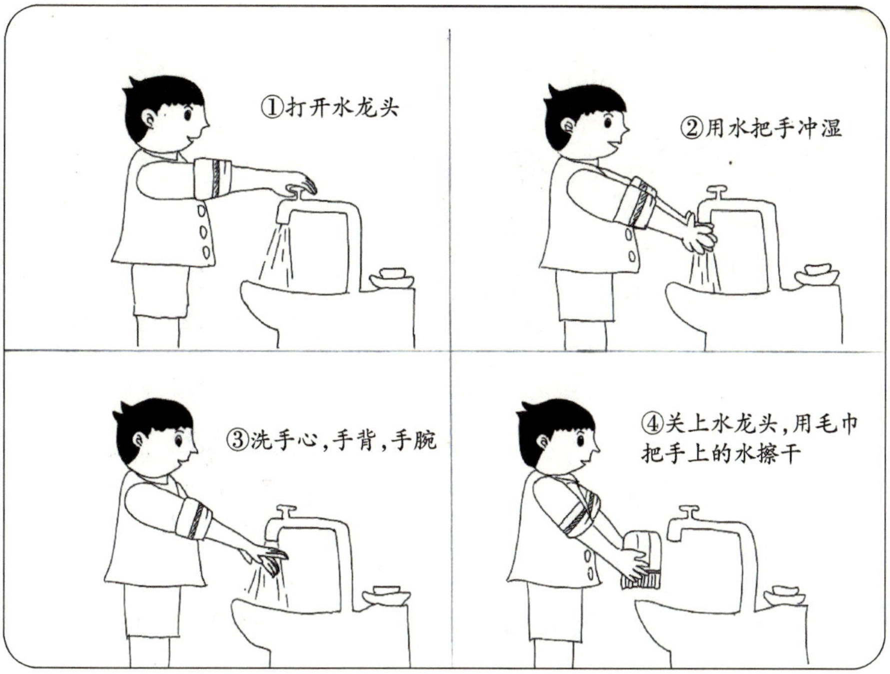
①打开水龙头
②用水把手冲湿
③洗手心，手背，手腕
④关上水龙头，用毛巾把手上的水擦干

15.吃饭

①准备好餐具
②把米饭盛在碗里
③夹菜，开始吃饭
④收拾餐具

16.叠衣服

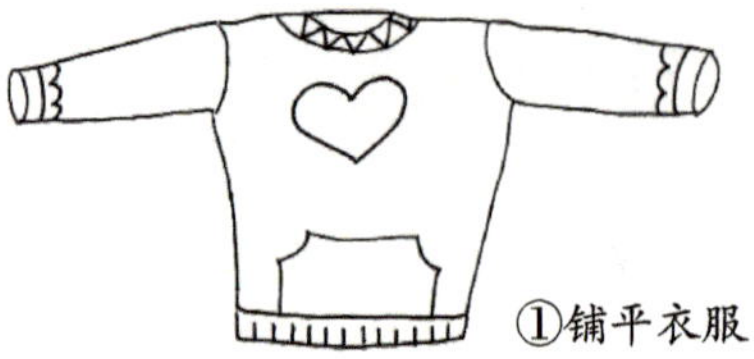
①铺平衣服

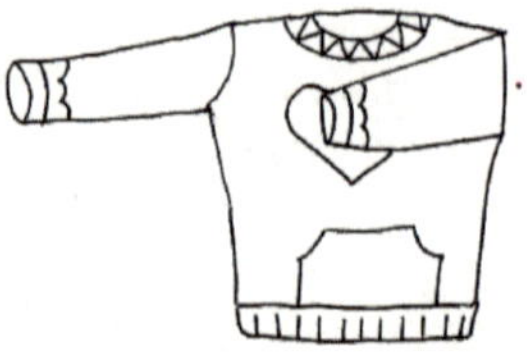
②向里先叠一只袖子

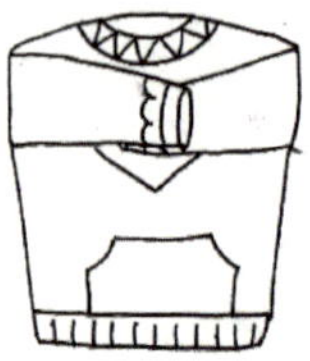
③再向里叠另一只袖子

④把上衣下半部向上对折

17.叠裤子

①把裤子放平整

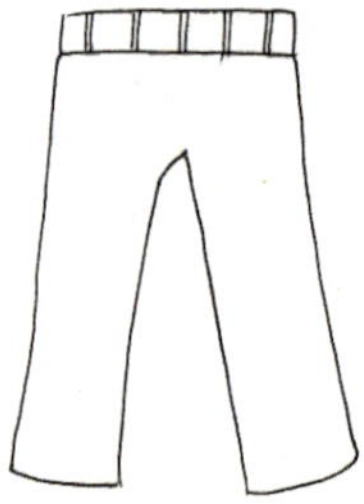

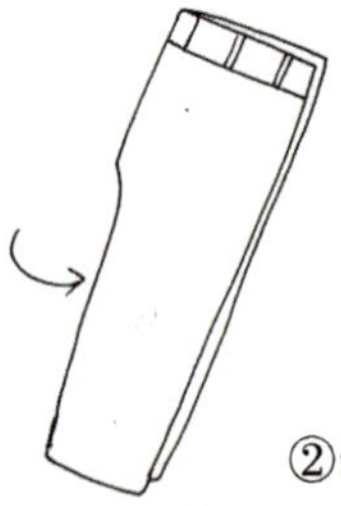
②两只裤腿对折

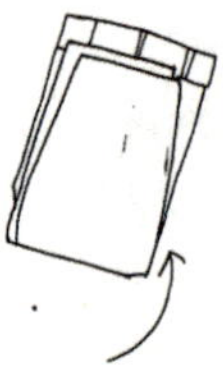
③把裤口提起向腰部对折

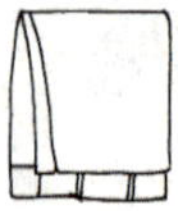
④摆放整齐

第十章 案例分析

案例一 一位学前孤独症儿童的沙盘游戏疗法

一粒沙是一个世界。沙盘中展现着一个奇妙的心理世界，这是沙盘游戏治疗的真实体验。把无形的心理内容以某种适当的象征性的方式呈现出来，从而获得治疗与治愈，创造与发展，以及个性化的体验，这便是沙盘世界的无穷魅力和动人的力量所在。沙盘游戏疗法为孤独症儿童提供了一个自由、受保护的空间，在沙盘治疗室，孤独症儿童可以按照自己的内心想法去做自己想做的事情。此时，他的心灵感受是自由和安全的，在这个状态下，他在享受沙盘游戏疗法带来的感受的同时，也能体验到心灵自身的发展和变化，不知不觉中实现着转化与治愈。

一、个案基本情况

天天，男，汉族，孤独症儿童，无重大躯体疾病史，其父母家人均无人格障碍和其他神经症性障碍。父母为了孩子，四处求医，把家里的积蓄花费殆尽，但效果甚微。为此申请了安徽省民生工程抢救性康复项目指标（该项目费用由国家承担），来我校进行孤独症儿童的康复。

天天是独生子，在成长过程中，父母因忙于生计，只有下班时间能陪伴他，但对他很疼爱。据母亲口述，父系家族性格内向不善于言辞，和孩子交流少。尽管是孤独症孩子，家人也寄予很大期望，希望康复后能进入正常小学就学。

1.精神状态

进入沙盘游戏室，看见那么多小玩具，天天很是兴奋，不停用手抖沙子，嘴里不停嘟囔，重复母亲的话语。

2.躯体状态

经医学检查无器质性病变。

3.社会功能

孤独症儿童的特点：人际交往障碍、沟通交流异常、言语发育迟滞、兴趣和活动内容局限，以刻板与重复的行为方式为基本特征。

天天不与人沟通交流，刻板现象严重，典型的孤独症特征。

二、案例分析

天天是5月份入学。入学时5岁半，经《孤独症儿童发展评估表》评估后实际发展年龄为3岁6个月，不听指令，不愿意参加集体活动。认知能力较好，能辨别颜色和数字，特别对数字和字母比较敏感。很喜欢数数，有语言能力。

1.初始沙盘（5月20日上午9:00—9:30）

图1　初始沙盘

这是天天第一次接触沙盘游戏，他对沙盘有些恐惧。我有意识地引导他去摸摸沙子，他就一直不停地抖动沙子，始终不肯拿沙具。一直持续约5分钟，他才去摆放沙具。半小时后，我让他停止了摆放，看着他做好的作品：所有的沙具都是颠倒的、混乱的。

分析：（1）沙盘作品的整合性较差，主题性不强。说明孩子人格还不够完善，自我整合也不是很好。

（2）沙盘作品的充实性差，比较单调、空洞。在交流中，天天只说桌椅是一家人在吃饭，但是摆放也不整齐，有的椅子都是倒置的。从整幅沙盘作品来看：天天内心可能是处于烦乱、无序的状态。沙盘作品单调、贫乏，也说明孩子内心单调、贫乏。

（3）沙盘作品的流畅性差。沙具的间距和区域空间配置不合理，说明孩子内心杂乱无章。

原因：孩子是孤独症患儿；孩子与我接触的时间不长，有抵触情绪，没有亲切感。

建议：与家长商量，我与孩子熟悉一段时间后，再做沙盘。

2.第二次沙盘（6月15日上午9:00—9:30）

第一次沙盘过后的一段时间内，我力争多与天天接触，有意亲近他，慢慢地与他熟识起来。

图2 第二次沙盘

当妈妈第二次把他送来沙盘室时，他还是怯生生地躲在妈妈的身后，久久不肯出来见我。

我试着一边和妈妈说话，一边用手不停地碾磨着沙子。天天刚开始还是有点害怕，在和天天妈妈聊天中我得知：他平时玩的都是黄颜色沙子，这种白颜色沙子从来没见过，所以有些害怕。我试着让他把手放在沙子上，我捧起沙子让沙子从手指缝中轻轻滑过，凉凉的、细细的沙子散落了下来，散落在蓝色的沙盘桌面上，似一朵散开的小花，自然成形状。天天渐渐地向沙盘靠近，不经意间开始玩起了沙子。

接着，我引导他去摆放沙具，并记录他摆放沙具的顺序：首先他拿的是数字模型，在手上不停抖玩，并沉浸其中，我提示让他把喜欢的沙具放到沙盘上，他把数字沙具按照“1到10”顺序排列在沙盘中间，很有意思的是，相邻数字之间的颜色也各不相同。沙盘的右侧摆放的是各种汽车沙具。我引导问：沙盘里“有没有你呀?”听到我的问话后，天天在沙盘最前侧的中间摆放了一位女士沙具和孩子沙具，在后侧摆放了一位踢足球的男士沙具；接着又摆放了各式水果、各种女孩沙具，还摆放了各式交通沙具，如火车、轮船等。我观察着他的每一个细小的动作，直到沙盘没有空地，他才在妈妈的劝阻下停止玩沙。

这次沙盘与初始沙盘明显不同，天天在我的引导下能与我进行交流了，在制作沙盘中也能反映出他自己所遇到的问题、承受的压力以及内心深处的困难，当然在这份沙盘作品中我们看到通过无意识带出的一种解决问题的方式。

第二次沙盘作品所反映的问题集中表现在以下几个方面：

（1）在做沙盘的过程中天天对于数字、汽车、轮船有兴趣，拿沙具时喜欢抖动，喜欢找寻手部刺激的感觉，表现了孤独症儿童的典型特征：兴趣异常，对没有生命的物体感兴趣。

（2）整个沙盘看起来主题性不强：处在包围中心的孤独、弱小、无助的小女孩，交通工具的倒置与陷入，都表现了天天内在情绪的混乱和内心行动的受困。

（3）沙盘里五光十色的颜色呈现出活力的、有生气的，这是天天心理内在能量的表现。

（4）刚开始男士“爸爸”沙具远离母子，后来想想又拿过来靠近自己，表现出天天内心的期待同时渴望得到父亲来帮助自己内在的转换。

分析：从母亲口中了解到，家中的女性偏多（天天父亲在家中是唯一的儿子），姑姑、阿姨等都对他很好，由于是唯一的孙子，爷爷奶奶也特别宠爱，所以在沙盘中呈现的女性沙具偏多。父亲每天工作很晚才回家，和孩子游戏、交流的机会很少，所以在沙盘作品中父亲是远离自己的。孩子喜欢记数字和字母，所以对数字沙具很敏感。天天家住在火车站附近，因而对交通工具很感兴趣。

针对本案例，我建议父亲尽量抽出时间多陪伴孩子，多与孩子互动交流，给予天天更多的关注并采用正确的康复训练形式、合理的行为矫正方法，消退手部刺激行为和其他不合常规的习惯。

看着妈妈无奈、焦急、焦虑的目光，我答应给天天制订适合他的IEP，拟用沙盘游戏疗法，调整孩子的人际交往能力和情感障碍，同时在作品的分享环节改善孩子的语言表达能力，期待着天天用一年的时间进行康复能有一个突破性的改变。这也将给更多孤独症儿童的家长带来希望。

3.第三次沙盘（9月2日上午9:10—9:30）

图3　第三次沙盘

第四次沙盘（9月15日上午9:00—9:20）

图4　第四次沙盘

分析：经过一个暑假，天天再次来到沙盘室，他已经不害怕了，开始自己摆放起沙具。第三次和第四次的沙盘有很多相像的地方，如天天始终是第一轮摆放数字，接着是交通工具，再接着是小女孩。

与第二次不同的是，第三次沙盘天天首先把自己和爸爸放在了一起，我有意识地问："你和爸爸在做什么？"天天很配合地回答："爸爸带他看火车。"（其实面部都是背对着火车的。）

第四次沙盘多了房子和花花草草。他把自己和妈妈塞进了房子里，说是住在房子里，爸爸在外上班，没放进去。摆放花的时候，也只摆紫色的花。经了解天天家是个小院，院子里种着花，与沙具上的形状很像。

通过这几次的沙具摆放，可以充分判断天天是典型性的孤独症患儿，但是他的情绪已经有了很大的改变，不再焦躁和害怕，手部刺激的动作也明显减少。在制作沙盘作品时，能和我有一些眼神的互动和语言的交流，但是模仿性语句和鹦鹉学舌情况还是存在。

活动结束后，我和天天的爸爸妈妈进行了沟通。孩子患孤独症，语言发育迟缓、不会人际交往、对外界事物没有感知。他们对孩子寄予了很大的希望，开始不能接受孤独症的事实。为了给孩子治病家里花了很多钱，所以爸爸工作压力较大，回家也沉默少语，平时很少和孩子互动。

自第二次沙盘治疗后，家长接受了我的建议，整个暑期爸爸坚持带天天活动：爬赭山、看火车、养金鱼、散步……妈妈也每天按照老师的要求多加强孩子的精细操作能力训练和触觉训练，如做手工作品、写字、讲故事、画画、粘贴、按摩，等等。

从第三次、第四次的沙盘作品中可以看出天天的进步很大，情感障碍缓解很多。

4.第五次沙盘（10月8日上午9:10—9:30）

国庆节长假过后，天天的妈妈对我说：天天想做沙盘。我非常高兴，于是开始了第五次沙盘。

图5　第五次沙盘

刚开始做时，天天看着沙具，很长时间都没有选择沙具，妈妈着急，催他赶快做。我劝阻了他妈妈，让他不要着急慢慢想。后来，他首先摆放了火车，我心里一阵欢喜，因为没有和第二次、第三次那样首先摆数字。不过接下来孩子还是摆了数字，其他沙具也与上两次差不多：车子、数字、代表家人的玩偶（爸爸、妈妈、自己、爷爷、奶奶）。大炮车和坦克车对着爸爸，问他要不要调一下，他坚决不答应。整个沙盘制作过程中，孩子都很安静，拿沙具也是按照规定一件一件拿。

分析：(1) 第五次的沙盘作品中出现自我，并且能表现出和家人的关系。自我形象的出现，标志着天天对自我的接纳。

(2) 天天能主动要求做沙盘，而且摆放沙盘时思考的时间明显比以前长，并出现部分主题性故事 。

(3) 孩子一边拿沙具，一边说着沙具的名称，和老师有了主动的语言沟通与交往的愿望，并且能述说出家庭里的成员，在沙盘作品中都有体现。

(4) 出现了绿色植物，这是能量的象征。

三、思考

经过一年的康复训练，天天现在已入普通小学。可以说沙盘治疗法在治疗孤独症问题方面，有着无可比拟的优势：在沙盘所营造的“安全、自由和保护空间”气氛里，患儿将沙子、水和沙具运用在自己创造的环境中，指导老师一边陪伴、一边记录个案的行为细节。不同沙盘环境，反映了沙盘游戏者内心深处意识和无意识之间的沟通与对话。即使不对结果进行分析，只是让孩子自主地进行沙盘游戏，对治疗自闭症也是很有好处的。因为孩子在沙盘游戏中是完全自主的，没有来自老师和家长的引导和干扰，不会对孩子产生二次创伤，所以孩子能够进行一种内心世界的整合。

患有孤独症的孩子，不能很好地用语言表达自己的观点和情绪体验，也不能很好地与人交流，更谈不上进行心理治疗，言语面谈式治疗效果不佳。沙盘游戏疗法不需要语言交流，正好适合治疗孤独症孩子。

孤独症孩子有社会交往障碍，不愿意与人沟通，也无法正确地表达出自己的内心想法。而在沙盘里能看出他的问题及内心的渴望，并会呈现一个解决问题的方式，这可能就是“危机”吧，危险和机会始终是并存的。他自己不知道无意识会带出一种解决问题的方式，每一次做的沙盘都是他心路历程的一个坐标。

案例二　蒙台梭利教学法在一位学前孤独症儿童训练中的应用

蒙台梭利教学法是指教师在教学中以儿童为中心，尊重孩子成长的步调，从日常生活入手，运用蒙台梭利教具，让学生自发主动地学习，教师在其中扮演的是观察者和协助者角色。利用蒙台梭利教学法有计划地开展对学前孤独症儿童的研究和科学教育训练实践，引导儿童树立信心，达到康复训练的目的。

一、个案基本情况

许**，男，2009年9月出生，经南京市儿童医院诊断为孤独症儿童，进入康复部进行康复训练，入园时3岁6个月，经《孤独症儿童发展评估表》初评，他的能力发展水平情况如下：

	感知觉	粗大动作	精细动作	语言沟通	认知	社会交往	自理	发展分数
初期	21	25	26	25	15	17	26	155
能力水平	15个月	26个月	26个月	14个月	26个月	20个月	26个月	2岁6个月

经过两年康复训练后，许**进入芜湖市一所普通学校就读一年级，在入学前，进行末期评估，其能力发展水平情况如下：

	感知觉	粗大动作	精细动作	语言沟通	认知	社会交往	自理	发展分数
末期	55	69	66	79	55	46	61	431
能力水平	68个月	70个月	68个月	66个月	68个月	64个月	50个月	5岁9个月

二、从走线活动开始练习

在蒙台梭利教学法中，我选择从走线开始练习，让走线活动成为一件乐事：在教室以有色胶带贴成直线、椭圆形线或S形线供孩子练习平衡感、专心度，有时加上音乐或乐器按节拍或持物而行。

走线活动是蒙氏活动中的一个重要环节，能够较好地稳定学生的情绪，使孩子进入工作状态。蒙台梭利每次在演讲时，总会提出这么一句话："help me to do it by my-self"（儿童在呐喊：请帮助我，让我自己做）"。"我听到了，但随后就忘了；我看到，也就记得了；我做了，我就理解了。"对于学前孤独症儿童来说，需要给予足够的空间去学习、实践。如果只是单纯的走直线，他可能连5分钟都坚持不到。因而在活动中，应投入多种辅助材料，来激发孩子的兴趣。

学习材料是因人施教的基本条件，因而在教学中我投入了广泛的可选择的学习材料，孩子可以自己选择材料和决定如何使用材料，根据孩子的操作和行为，我只给予适宜的有计划的指导。训练中，为了激发孩子对走线活动的兴趣，巩固正确的行走姿势，发展专注力和平衡感，我在活动中投放了瓶子、勺子、珠子、碗、沙包、地垫等物品。最初我采取摸摸头的奖励方式，即孩子走得姿势正确，在活动中很专注、很认真，老师就轻轻地摸摸他的头，暗示他可以去选择物品了。这些物品果然调动了孩子的积极性，他们认真专注地走在线上，急切地盼望着、等待着老师的邀请。孩子对走线活动有了十分浓厚的兴趣，行走姿势和速度也得到了很好的发展。

三、结合生活实际开展日常生活训练

如果让我们每天翻来覆去地做一件事，我们会有何种感觉呢？——枯燥、乏味、了无生趣，我们成人都是如此，更何况这些学前孤独症儿童。因而在走线活动后，我安排了日常生活训练，这通常被认为是蒙台梭利课程中的必要内容，使儿童在参与生活实践的过程中，获得一些技能，形成一些意愿，有助于他们在其他活动中专注学习，提高自信心和生活质量。

日常生活教育的目的，最主要在于训练感官能力和肌肉活动两者之间的协调。通过经历熟悉的、类似家庭生活的体验，如穿脱鞋子、衣服，打扫卫生等，孩子开始学会把精力集中在一个活动上，并且学会按顺序从头至尾地做一件事，学会为实现特定的目标协调自己的肌肉运动。接受一项任务后确定并组织工作步骤，通过自我指导的活动获得独立性。手部精细动作不灵活，通过日常生活部分的工作，会取得一定的效果。动作的平衡会促进他的智能发育，手眼协调能力为写字画图作了“预备”的工作。比如说想要写字，就需要手部小肌肉发育起来，而日常生活教育中进行小肌肉练习，时日一久，自然水到渠成，可以发展到有握笔描画的“力量”和越来越准确的“有模有样”程度。

1. 抓握练习

准备两个大碗或塑料制容器，其中一碗放置花生或黄豆，以单手示范抓起一把，放到另一个碗中，而不掉落出来，再由孩子练习。手指的运用使他有抓握豆子的感觉与能力，以及一次抓握的数量。接着用汤匙、镊子或筷子练习，这些练习为他正确使用餐具、自己吃饭打下基础。

2. 配对练习

准备一些带有盖子的瓶瓶罐罐，大小、形状、颜色不一，找几个放在桌上，扭开瓶盖，混合集中一处，让孩子一一找出来与瓶子配对，盖上扭紧，还可做配对、尝试错误、手眼协调的练习。

3. 训练感知觉

小孩子喜欢玩水，可以在他洗手时，让他把手分别放在冷水、温水、热水中去感觉，使他在不知不觉中就能区分“冷、热”，效果明显。生活中的道具很多信手拈来，如学会分辨“轻重”，可以取几个重量不同的木块或者别的东西，让孩子闭上眼睛，分别把其中两块放在手掌上，猜一猜哪一块重，哪一块轻。孩子兴趣很大，效果明显。

此外，日常生活训练更重要的目的是可以培养出学前孤独症孩子的独立、专心、协调、秩序等习性，同时这些练习还可以培养社交能力，如活动室里的蒙氏教具只有一套，所以当已经有人正在玩夹豆子的工作，而他也想玩就必须“等待”。如礼貌、问候等日常生活常规也包括在这项练习中，提供了孩子们相互交流，彼此配合的机会，促使他从中了解社会行为。日常生活教育，可以说是蒙氏教育的入手处，假如这个部分没有做好，达不到秩序→专心→反复练习→协调的蒙氏现象，往后的感官、数学教具部分也就不能做得很好。所以我校单元主题开展的活动都紧紧围绕日常生活部分开展。

生活中每一个孩子都渴望获取成功，我们的孤独症孩子也不例外。过分依赖他人，自身得不到应有的锻炼，那样会丧失自我。而克服困难，挑战自我，虽然在实施的过程中会很艰辛，要付出很多，但坚持下去，就会一步一步走出沼泽，直至踏上通往胜利的阳光大道。蒙氏教学作为一种趣味性很强的教学方式，不仅使孤独症儿童愿意参与，而且他们在工作中也会有更多的收益。所以，教师要积极创设丰富的生活环境，让他们自主、自由、自在地“奔跑”，从中体验到“奔跑”时的无穷乐趣。在快乐中达到康复治疗的目的，让迟开的花朵也能得到绽放，折翼翅膀的小鸟能翱翔于蓝天。

案例三　孤独症儿童“个人工作系统”操作的个案研究

在日常的康复训练工作中，我们常常发现，在课堂训练或者课后练习中，无论是一些简单的训练工作，还是儿童已经掌握得非常熟练的一些技能，他们往往都需要老师或者成人在一旁提醒督促，有的甚至要不断催促才能完成，儿童对自己要做的事情不理解，对自己的能力不信任，加上我们成人总是担心他们不能独立完成，所以造成辅助过多，更加深了儿童认为自己无法独立完成的想法。因此，如何让他们独立的生活与工作是我们的培养目标之一。

“个人工作系统”是结构化教学法的一个重要形式。对于孤独症儿童来说，结构化教学是目前世界上应用较广泛、评价也最高的训练方式，它有几个主要体现形式，其中“个人工作系统”是非常具有代表性的一种训练模式，它把儿童需要做的工作项目系统地展示出来，让儿童一看就明白要怎样做，做些什么，怎么样开始做，怎样做才是做完了，通过完成工作来培养儿童的独立性。

一、个案基本情况

小嘉，男孩，5岁3个月，3岁时被南京脑科医院诊断为孤独症，父母均是大学本科学历，父亲在移动公司工作，母亲是一名护士，由于父母工作繁忙，小嘉的日常生活主要由外婆照顾。为了更好地进行康复训练，他们一家在学校附近租了一套三室一厅的房子，家人对孩子的教育非常重视，母亲和外婆比较严厉，父亲比较温和，对孩子的训练期望较高，希望未来能进入普通小学随班就读。

1.个案目前能力情况

（1）幼儿在视觉、听觉、肢体上没有任何障碍。

（2）幼儿及其家人没有任何疾病史和服药史。

（3）幼儿能力具体情况：

项目	现有能力
运动	运动方面表现出与年龄相当的能力，能玩一些简单的运动游戏
小肌肉	手眼协调、基本操作能力较好，能仿写简单汉字
语言	能仿说简单的句式，对形容词理解有困难，能回答简单的问题，无法描述正在发生的事情
认识	认识数字1—10，认识常见的形状、颜色，不会排序，没有时间概念
社交	在提示下能打招呼，难以玩团体游戏，不能遵从游戏规则
情绪	被打断时会发脾气，好动不安，喜欢不停地重复一些无意义的词语
自理	能独立穿脱衣服，如厕、进食、洗脸、洗澡需成人辅助

2.个案需解决的问题

通过能力评估可知小嘉具有一定的认知、语言和运动能力，但是由于从没有接受过训练，也很少接触同龄儿童，所以大多数领域能力低于普通儿童。父母觉得照顾小嘉非常辛苦，希望小嘉在各领域能力提升时能够独立完成一些工作。所以作为训练教师，我为他设计了“个人工作系统”，以达到培养小嘉独立工作的能力，为今后他进入普通小学随班就读做好准备。

二、研究过程

1.与学生建立良好的关系，为训练打好基础

孤独症孩子大多沉浸在自己的世界里，很难与外界沟通和交流，有的过分安静，有的过分好动。所以，一开始我并不急于进行训练，而是先和小嘉一起游戏，希望小嘉能信任和喜欢我，为以后开展训练工作打下基础。我事先在训练室里准备了他喜欢玩的玩具，如小汽车什么的。在刚进训练室的时候，他对一切都非常好奇，把所有训练的东西都拿出来，然后又随手扔在一边，当我制止时他大哭大闹并且执意要出门。这时，我拿出一个颜色鲜艳的玩具自己玩起来并作出很夸张很好玩的样子，过了会，小嘉哭声渐小，关注到了我手里的玩具，走到我身边，我把手中的玩具给他，让他坐在我的前面，并且表扬他：真乖！好孩子！就这样，最初的一个星期里，我和他一起玩玩具、做游戏，他逐渐接纳了我，也适应了训练室的环境。

2. 利用每天固定的时间和地点，开展“个人工作系统”操作

我们都知道，在结构化教学中非常重视对于环境的安排，为了实现“个人工作系统”，我每天用一节课的时间，安排儿童在不受干扰的独立环境中完成自己的工作。时间主要固定在每天上午的最后一节课。我们首先在教室里找到一个相对安静的区域，确定为“个人工作区”，在该区域内，小嘉有自己的桌子和椅子，确保不会被周围人打扰，在墙上粘贴了他的照片和姓名卡，桌子旁边摆放有自己工作所需材料的置物架。这样，儿童一看就明白了：“我要坐在自己的座位上，独立完成自己的工作”。当他建立起这样一种工作方式后就明白了自己应该坐在什么地方，不会到处乱跑，也明白了只有完成了置物架上的所有工作才能获得奖励（物质奖励或者社会性奖励）。具体环境的区分见图1。

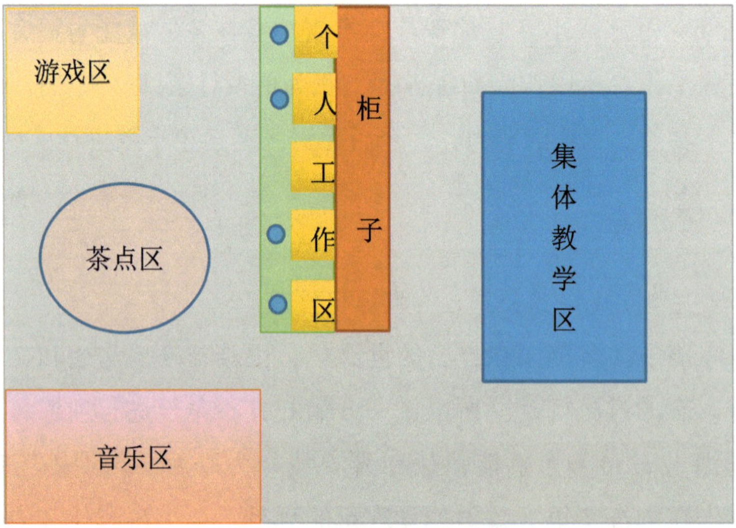

图1　环境的区分

3. 评估儿童的各领域能力，找到儿童当前发展的基线，为制定恰当的工作内容做准备

个人工作系统是一个科学而有计划的教学模式，只有对它的训练对象——儿童进行专业的评估，了解他的详细情况后才能准确地把握好下一步的训练工作。所以，我在制定小嘉“个人工作系统”的详细内容前，为他做了具体的评估工作，并详细注明了他的生理、心理发展情况。当然，

我们还要考虑到儿童的兴趣爱好、生活的环境、性格、工作的习惯和专注力等。

通过评估，我们就可以准确找到小嘉各个领域的基线，他的评估项目里有很多都是需要少量协助就能掌握的技能，还有一些是能完全掌握的技能。所以我决定主要从精细、认知、生活三个领域制作小嘉的“个人工作系统”。

4.根据评估观察结果设计“个人工作系统”的内容，达到预期目标

当我充分了解了小嘉的各项能力和工作特点后，就开始制定他的“个人工作系统”，搜集并动手制作相关的材料，在制作中，我不断地提示自己，要牢牢记住儿童的预期目标，让他知道自己要完成的具体工作。

首先，让小嘉知道自己到底要“做什么”，有多少工作是要完成的，这些工作放在什么地方？要按照怎样的顺序做？

我从市场上购买了一些托盘（作为工作盘）和置物架，在工作盘里放进一些材料，这些材料是儿童要完成的工作内容，比如要做“描写数字”的工作，就在盘子里分别放上一个描红本、一支铅笔、一块橡皮；要完成“数字与数量对应”的工作，就在盘子里放上数字和一些小圆图片。摆好工作盘里面的材料后，我在每个托盘侧面作一些标记，可以是孩子认识的形状、数字、颜色等，标记的目的是类似与档案室里的文件编号一样，让小嘉知道自己有具体什么工作要完成。当这些都做好后，我把这些工作盘放在置物架上，按照小嘉能力强弱设计工作的多少，然后在他的桌子上制作一份“工作程序表”摆放上和工作盘一模一样的标记，按照先后的顺序排列，这样，小嘉一看就知道自己要先做什么后做什么了。个人工作区、工作程序表分别见图2、图3。

图2　个人工作区

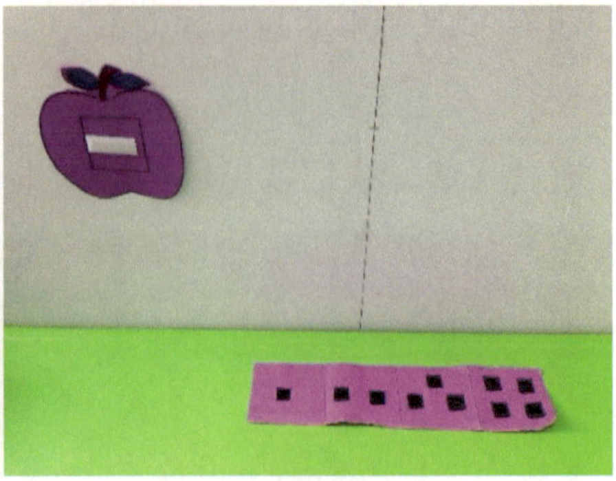

图3　工作程序表

其次，要让儿童知道面对这些“工作”，具体应该怎么做？

工作盘内摆放了一些按照小嘉评估目标寻找和制作的材料，它们在工作盘中的摆放也是有一定要求的，不能随意地乱放，可以按照左右或者上下的空间来划分，一边放着没有完成的材料，一边放着完成的作品，这样，小嘉一看就明白了应该从哪里开始工作，做好的工作又要放在什么地方，培养其按照顺序工作的能力。接着我把未完成的材料用小盒子或小隔间区分开。为了更好地引导儿童按照具体的步骤来进行工作，我还在工作盘上展示出步骤图，将工作的几个步骤拍成照片贴在工作盘的上端，让小嘉在工作时参考，如同我们成人安装家具的说明书，指导我们一步步完成工作。需要注意的是，要给小嘉一些提示，让他知道怎样才是做对了，比如盒子里正好只有6个方形图片，如果孩子多拿或者少拿，盒子里的方形图片最后不会恰好是空的，当然还可以做一个完成的样本，让他来进行自我检查。如图4。

图4 数字与数目对应

最后，要让儿童知道，做完这些工作后会怎么样？

独立完成自己的工作，小嘉就能得到奖励，如同成人完成了工作会得到工资一样。为了鼓励儿童积极努力地工作，每当他完成置物架上的所有工作时，就能立即得到他的奖励。小嘉很喜欢玩游戏，我放一个小游戏机，设定好闹钟，让他玩上5—10分钟。为了让儿童清楚地了解这样一个结果，我把奖励物拍成照片，展示在工作程序表上，体现奖励的工作程序表。如图5。

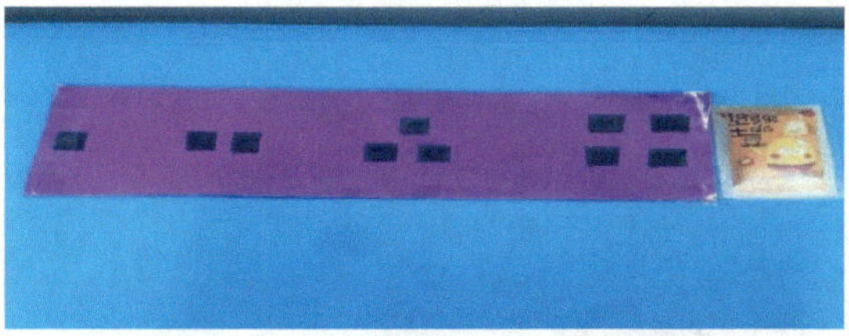

图5 体现奖励的工作程序表

三、对“个人工作系统”进行演练，确保儿童学会使用

当以上三个准备工作都已经就绪，就可以带着小嘉使用我们精心准备的“个人工作系统”了。

第一步：找到自己的工作台，让儿童坐在自己的椅子上，引导儿童自己观察桌子上面的“工作程序表”，把自己的照片或者姓名卡粘贴到工作程序表上，然后看看有哪些工作要做当这些工作做完之后，可以获得什么样的奖励，即了解本次工作内容。如图6。

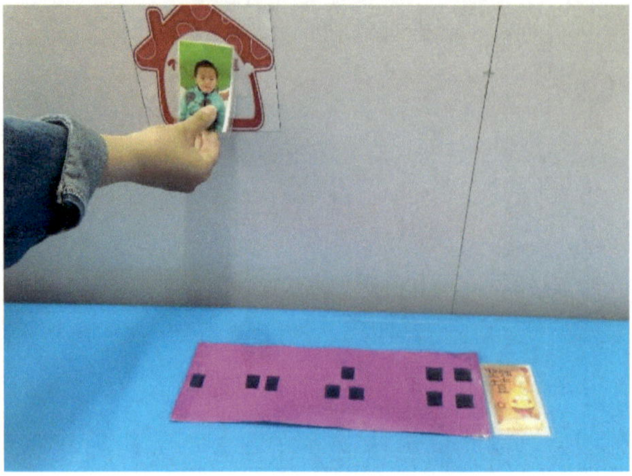

图6　了解本次工作内容

第二步：找到这些对应的工作盘在什么地方，教师可以带领小嘉到置物架上找对应标示的工作盘。全部找到后可以开始第一个工作。如图7。

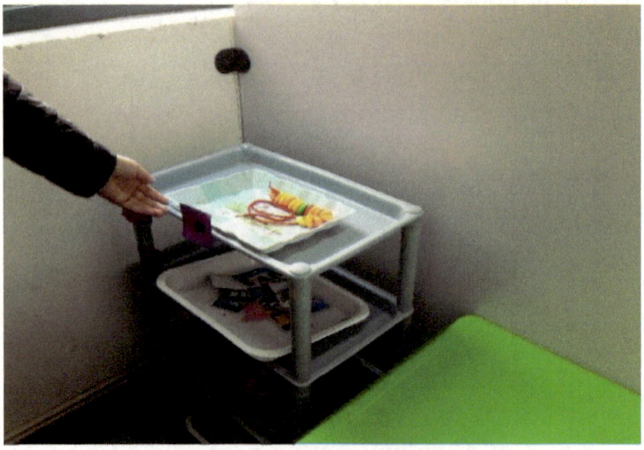

图7　找到对应工作盘

第三步：找到工作盘上的标示，看看是否和工作程序表上面的标示对应，如果对应，可以按照工作盘内的材料提示开始工作，完成后放回置物架上。如图8。

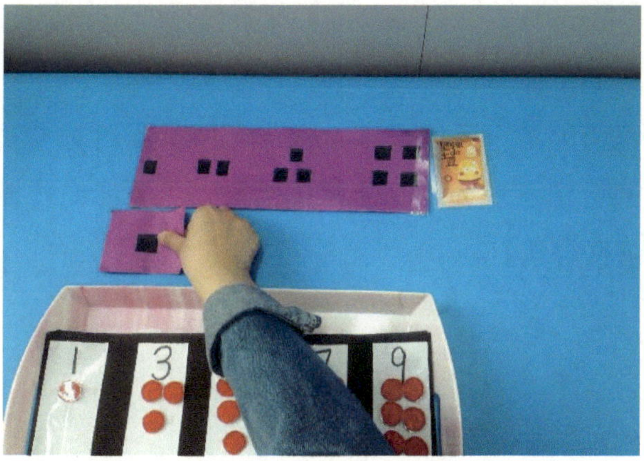

图8 开始工作

第四步：依次完成所有工作后，把完成的作品放回置物架的最低层，就可以得到自己的奖励了。如图9。

图9 放回置物架

四、训练效果

经过了一段时间的训练，小嘉在各个方面都有了明显的进步，他从完全需要成人陪伴到独立工作20分钟，且对自己逐渐有了自信，也理解到了一些社会规则。他的“个人工作系统”也操作得越来越熟练，涉及的内容越来越难。家人表示小嘉现在在家里也能独立地玩耍10分钟，他们觉得孩子的进步非常大。

五、思考

通过对小嘉为期三个月的训练，我深深感觉到面对孤独症儿童，我们要有科学的方式方法了解他们才能帮助他们，只要我们选择合适的训练方法，就一定能够开启他们心中的大门。

案例四 孤独症儿童在家庭中开展“感觉统合训练”的个案研究

感觉统合训练是现在大多数康复机构都会采用的一种孤独症儿童训练方式，很多家长也对这项训练非常重视。但是机构的感觉统合训练往往要借助大量的器材，鉴于某些家庭由于经济、交通、生活等方面的限制条件，不能接受康复机构的感觉统合训练，在家庭中开展相关训练就显得尤为重要了。掌握科学的训练方法和训练内容，了解详细的训练原则对家长和教师来说是解决这一问题的重要手段。

感觉统合指的是在特定的环境里，利用自己的感官（视觉、听觉、嗅觉、味觉、触觉、运动觉、前庭觉和本体觉等）对在环境中收到的信息进行接收和大脑加工处理，并作出适当反应。比如：拍球这个动作，需要眼睛看着球，耳朵听着球落地的声音，用手有节奏地拍，手掌触摸到球的表面等一系列的感知觉和动作的配合，我们普通人做这个动作可能觉得很简单，做起来也显得很随意，但是特殊的孩子可能就不那么简单了，他们可能顾得了手就顾不了眼睛，用手拍球就顾不了维持自己的平衡，就好像是一个舞台上的小丑演员，总是难以把握好自己，想的和做的总是不一样，这就是感觉统合失调的表现。

一、个案基本情况

小泽，男孩，4岁10个月，在他4岁5个月时被南京脑科医院诊断为孤独症，目前在芜湖市培智学校康复部做训练，父母均是大学本科学历，2岁半时发现孩子发展异常，但是无法接受事实，后将小泽安置在家门口附近的民办幼儿园，直到孩子4岁5个月时才送入机构康复训练。小泽的日常生活主要由爸爸和奶奶负责照顾，家人对孩子的训练期望较高，希望能得到更好的康复训练。

1. 个案目前能力情况

（1）幼儿在视觉、听觉、肢体上没有任何障碍。

（2）幼儿及其家人没有任何疾病史和服药史。

（3）幼儿能力情况调查：

项目	现有能力
运动	能独立坐、爬、行走，具有简单的大动作模仿能力
小肌肉	双手配合、基本操作能力较好
语言	能仿说叠词、单音、无法听懂简单指令
认识	能唱数1—10，对常见物、身体部位无法指认
社交	在提示下能打招呼，难以玩团体游戏，不能遵从游戏规则
情绪	好动不安，喜欢不停地重复一些无意义的音
自理	能独立穿脱衣服、如厕、进食、洗脸、洗澡需成人辅助

2. 个案需解决的问题

通过能力评估，小泽具有一定的模仿和运动能力，但是由于没有接受过训练，多数领域能力明显低于普通儿童。父母觉得小泽很多简单的技能都没有掌握，对孩子的能力没有信心，而小泽面对任何训练首先都是逃避。因此，我决定从感觉统合训练入手，利用儿童运动能力较强这一优势，带动其他领域的发展，提升儿童对自己的信心和对成人指令的理解与遵从能力。由于时间原因，孩子在机构的感觉统合训练任务往往难以全部完成，能够在家庭中开展感觉统合训练是我本次个案研究的主要任务。但家庭中由于受到场地和器材的限制，有些活动难以开展，不过有亲人的陪伴，更自然、更生活化的环境比在机构训练更加贴合实际。

二、研究过程

训练前的感觉统合能力评估：

评估方面	评估得分	对应标准分	解释
前庭平衡	47	35	轻度失调
触觉功能不良	53	14	重度失调
本体感失调	23	20以下	重度失调
学习能力发展不足	18	23	中度失调

接下来介绍几个我指导小泽家长在家庭开展训练的一些项目：

1.基础的感统训练

孤独症孩子也是一个正在成长的孩子，他们与普通孩子一样遵循着人类运动发展的基本规律，要先学会简单的运动技能，然后才能掌握复杂的运动技能，所以刚开始不知道如何为孩子开展训练时，可先从孩子已经掌握的能力开始，再一点点加大难度。其中，有两个非常简单而且容易操作的项目，家长可以在没有器材的情况下练习。

（1）爬行是最简单而且最有效的项目之一。很多孤独症孩子小时候很少爬或不会爬，直接就练习走路了。爬行分为两种，一种是匍匐爬行，要求孩子肚子贴在地上，左手配合右脚，右手配合左脚向前爬行，这个动作要求协调性很高，通过训练，我发现很多孤独症孩子都无法手脚协调地爬行，要不就是只会用手，要不就是用肚子往前顶，但是通过1—3个月的训练，很多都能掌握匍匐爬行；还有一种爬行叫作“箱装爬行”，是肚子离开地面，膝盖着地，手脚配合着爬行，这种爬行相对来说稍微简单一些。这两个动作要求家长每天在家里带小泽完成。

（2）跑的训练。这也是一个很简单的项目，也很容易操作。跑步对我们来说很简单，但是孤独症孩子跑步存在的问题在于：有的没有速度感，有的手脚不协调，有的跑跳不分，没有方向感。跑步是一种综合的能力，因此我要求小泽每天都坚持慢跑20—30分钟，训练他的协调能力和气息，来促进他的语言发展。

2.本体感的训练

小泽本体感重度失调，这是很多孤独症孩子都存在的感统问题，在机构时我们可以通过各种器材来进行训练，而在平时我们又该如何展开训练呢？

（1）平衡的训练。利用小区草坪、花坛边来练习，让小泽独立在上面行走，家长可以先给予身体辅助，再逐渐撤离辅助。

（2）倒着走、侧着走训练。要求孩子能沿着地上画好的一条直线走，家长先示范，再辅助孩子，最后撤离辅助。

（3）球类活动。抛接球的游戏、投球的游戏即是感觉统合训练，也是注意力训练，能得到良好的训练效果。

3.触觉敏感的训练

（1）挠痒痒游戏。要求家长与小泽一起来做，家长用手轻触孩子的皮肤来挠痒痒，时轻时重。

（2）擦背游戏。要求家长在给小泽洗澡时，用毛巾、海绵等不同质地的东西轻擦孩子的后背、手臂等不同部位。

（3）刷子游戏。要求家长用小毛刷轻刷小泽的手背、手指，再逐渐过渡到手心；从脚趾、脚背再过渡到脚后跟、脚心，孩子如果有抵触，就只刷一下，反复尝试，慢慢进行。

4.前庭觉的训练

（1）跳的练习。让小泽练习用双脚跳或单脚跳的方式跳过在地上画好的小圆圈或者呼啦圈。

（2）床单游戏。让小泽躺在或者坐在床单中间，两个家长轻轻摇晃床单，边摇边唱儿歌。

（3）布袋跳。要求家长准备一个布袋子，小泽站在布袋里面，双手提边，向前跳动。

5.简易的器材训练

家长可以买一些简易的感统器材，如独脚椅、平衡台、羊角球等，通过运用这些简易的器材，加强训练效果。

三、感统训练的执行原则

训练要有恒心，小泽通过参加家庭感统训练，3个月后，孩子在听指令、语言、动作协调方面收到了良好的效果，他变得越来越自信，而且愿意参加各项活动了，社会适应性更强了。在训练中，我们需要坚持以下几个原则：

（1）要以孩子为本。小泽永远是训练的中心，他的感受是我们要密切关注和考虑的，不能以家长的感觉和喜好来决定孩子的训练内容与方式。

（2）要考虑到小泽多方面的能力。通常一个活动要设计的有一定功能性，孩子在生活中会大量运用到这种能力，所以设计一个活动不能只单单培养孩子某个方面的能力，而是培养多方面的综合能力。比如，小白兔采蘑菇的活动：在训练孩子跳的能力的同时又培养了孩子有秩序排队等候和弯腰捡东西并放到篮子里等其他方面的能力。

（3）安全性的原则。训练过程中要根据小泽的具体能力，注意保护好孩子，避免在运动训练过程中受到伤害。

（4）坚持长期训练的原则。训练不可能是一天两天就能看到效果，必须要坚持一定的时间和保持一定的训练量，只有坚持不懈的训练，才能取得良好的效果。

四、训练效果

经过了这段时间的训练，小泽的进步非常明显，3个月前他还只能无意识的发一些单音，现在不仅能模仿发出一些复杂的音，还能背诵一两首儿歌，能在教室里和训练人员做一些训练活动而不离开座位，能和成人玩抛接球游戏、模仿做简单体操，能认识一些常见的物品并能准确表达出名称。家人对训练效果非常满意，对小泽的未来也充满了信心。

通过对小泽为期3个月的训练，我感觉到家庭训练的重要性。光靠机构的训练是肯定不够的，如果家长能配合在家中开展相关训练，效果会更加理想。

案例五　涂涂的个别化教育计划

一、个案基本情况

涂涂，男孩，生于2012年5月20日，经上海复旦大学附属医院诊断为孤独症，于2017年4月17日起在芜湖市培智学校康复部接受康复训练。目前主要由母亲陪同进行每天的训练，并照顾其生活起居。

涂涂的家庭情况：涂涂和父母一起生活，涂涂的父母均为初中文化水平。父亲涂某，30岁，常年在外打工，平时与儿童相处的时间较少；母亲郑某，30岁，个体户。涂涂的家人对孩子通常都是采取“包办”态度，平时很少让孩子自己动手进行简单的生活自理活动。家长希望通过康复训练提高孩子的认知能力、运动能力和生活自理能力。

涂涂的教育史：在老家上过一段时间幼儿园，但在幼儿园里，老师对涂涂基本属于放任状态。

二、个案评估

经过观察、访谈及《孤独症儿童发展评估量表》的评估，涂涂的能力现状水平发展状况如下：

	感知觉	粗大动作	精细动作	语言与沟通	认知	社会交往	生活自理
得分	6	14	14	7	4	6	13
能力现状	5个月水平	14个月水平	14个月水平	6个月水平	12个月水平	6个月水平	18个月水平

（1）感知觉能力：达到5个月水平。涂涂的听觉反应能力一般，能对突发声做出反应，对叫自己的姓名有反应。视觉辨认、记忆及重整以及触觉、味觉、嗅觉的辨别能力和记忆能力都较弱，不能辨别颜色和进行图形拼块，不会区分轻重干湿，不能辨别食物的软硬和味道的浓淡。

（2）粗大动作能力：达到14个月水平。涂涂能进行坐、站及爬的模仿。平衡和跳跃能力较弱，双脚不能同时向前跳跃，走平衡木时身体左右摇摆严重，能够在平地行走，不能完成端、抛、接、拍、踢球等动作。

（3）精细动作能力：达到14个月水平。会用掌心抓握物品，摆弄物品能力较好，手眼协调能力和对工具的使用能力都较弱，仿画能力较差。

（4）语言与沟通能力：达到6个月水平。对自己名字有反应，被叫到名字时会回头短暂注视老师，喜欢微笑。非语言沟通能力一般，口腔器官的运动能力及语言模仿能力较差，偶尔能说出“妈妈”“奶奶”等常见称谓，但发音不是很清晰。对动作指令和形容词的含义及事物关系的理解能力欠佳，不能很好地用语言表达自己的需求和感受。

（5）认知能力：达到12个月水平。可以听指令交出物件，伸手抓握视线内的物体，但经验与表征、因果关系的简单推理、配对等能力弱，对时间空间概念、颜色及数的概念理解能力欠缺。

（6）社会交往能力：达到6个月水平。涂涂的社交非语言能力一般，不能很好地控制自己，不会主动进行近距离地打招呼和离别，自我认知、社交技巧和社交礼仪等有待训练提升。

（7）生活自理能力：达到18个月水平。可以用手将食物放入口中，自己吮吸牛奶等液体，用杯子喝水等。睡觉有规律，基本能安静入睡。

（8）情绪与行为：当有家人陪同时，涂涂情绪较为稳定，能用动作表达负面情绪，有基本的依附情绪行为。能够通过面部表情和语气进行简单的情绪识别，但与家人分离时情绪波动大，容易哭闹，不易安抚。

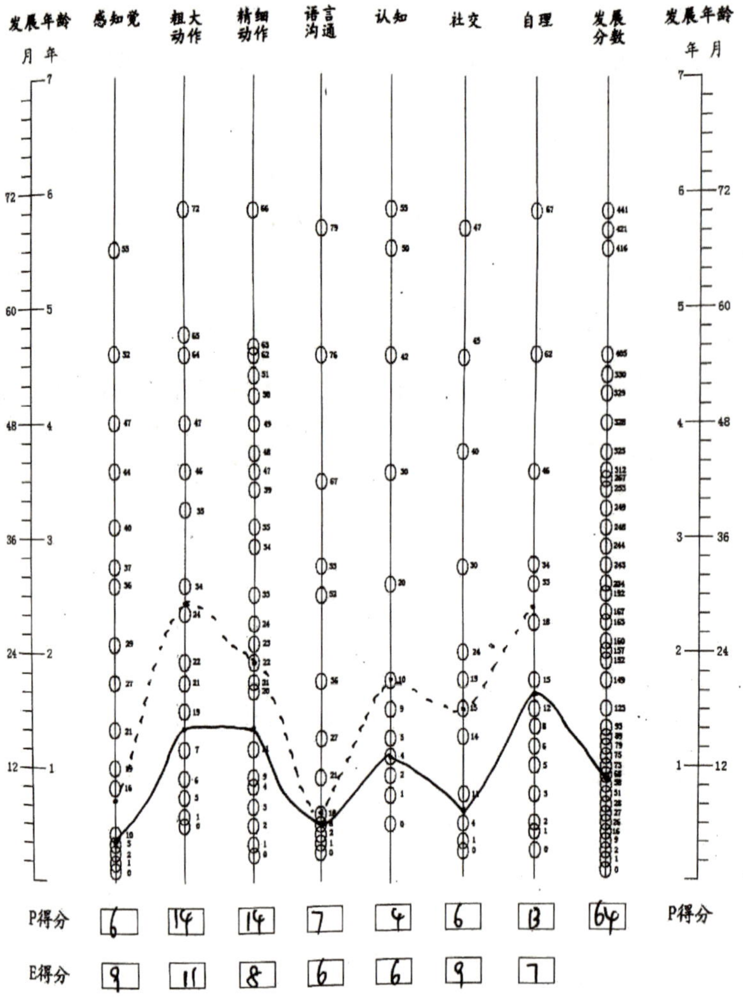

图1　孤独症儿童发展情况剖面图（初期评估）

三、制定长、短期目标

基于涂涂的初次评估表现和已具备的能力，我们确定了个别化训练的重点和方向，并制定了长、短期目标。

（1）训练时间：2017年4月至2018年4月；训练的重点和方向是对其模仿能力、认知能力和运动能力（粗大动作）的培养，具体见下表。

<table>
<tr><th>领域</th><th colspan="2">长期目标</th><th>短期目标</th></tr>
<tr><td rowspan="20">粗大动作</td><td rowspan="2">姿势</td><td>站姿</td><td>站立时能弯腰捡拾地上物品</td></tr>
<tr><td>脚尖站</td><td>脚尖站立8秒</td></tr>
<tr><td rowspan="10">移动能力</td><td rowspan="3">爬行</td><td>能独立爬上楼梯</td></tr>
<tr><td>能独立爬下楼梯</td></tr>
<tr><td>能四点跪式爬</td></tr>
<tr><td rowspan="2">站立
(动作模仿)</td><td>站姿动作模仿</td></tr>
<tr><td>模仿肢体动作，例如叉腰、抬腿、举手、挥手等</td></tr>
<tr><td>坐</td><td>能座位转圈拿玩具</td></tr>
<tr><td rowspan="4">行走</td><td>能独立一步一阶上楼梯</td></tr>
<tr><td>能独立一步一阶下楼梯</td></tr>
<tr><td>能踮脚走10步</td></tr>
<tr><td>能倒退走3米</td></tr>
<tr><td rowspan="4">跳跃能力</td><td rowspan="4">弹跳</td><td>能原地向上跳5厘米</td></tr>
<tr><td>能站在台阶上向下跳</td></tr>
<tr><td>能跳上5厘米高台阶</td></tr>
<tr><td>能连续双脚跳圈</td></tr>
<tr><td rowspan="6">操作活动</td><td rowspan="2">推球</td><td>能站立推球至1.5米处</td></tr>
<tr><td>能完成桌上推球10次</td></tr>
<tr><td rowspan="2">端物行走</td><td>能单手端半杯水向前走3米</td></tr>
<tr><td>能双手端物品托盘向前走3米</td></tr>
<tr><td rowspan="2">抛接球</td><td>能双手向前抛球</td></tr>
<tr><td>能接住1米远抛来的球</td></tr>
<tr><td rowspan="8">认知能力</td><td rowspan="5">经验与表征</td><td>在口头指令下只出自己的身体部位</td><td>能指认眼睛、鼻子、嘴巴、耳朵、头发等</td></tr>
<tr><td rowspan="2">指认常见物品</td><td>指认杯子、牙膏、牙刷、毛巾、被子、围巾、帽子、眼镜、手套、桌椅等</td></tr>
<tr><td>指认台灯、电风扇、微波炉、电饭煲、电水壶、电视、电脑、冰箱等</td></tr>
<tr><td>认识餐具实物</td><td>指认碗、筷子、勺子、叉子、锅、铲子</td></tr>
<tr><td>认识常见动物</td><td>指认猫、狗、羊、鸟、熊、猴子、马等动物卡片</td></tr>
<tr><td rowspan="3">配对</td><td rowspan="3">实物配对</td><td>日常用品的实物与实物配对</td></tr>
<tr><td>日常用品的实物与图片配对</td></tr>
<tr><td>常见颜色积木配对(红、黄、蓝、绿色)</td></tr>
</table>

四、个别化教学内容及教学实施

通过对涂涂基本情况的了解，以及通过《孤独症儿童发展评估量表》对涂涂的评量结果分析，得出涂涂的现有能力水平后，通过与任课教师和家长沟通，最后决定以认知能力和粗大动作训练为核心，同时结合单元主题内容进行训练，采用感统与游戏相结合、认知图频结合的方式进行。具体实施内容如下。

领域	教学内容	教学情境
感统训练	**扔球** 训练目的：提升手臂运动能力、手眼协调能力 训练要求：把一个小型球或豆球扔到2米远的地方，开始时如果孩子没领会扔球的动作，可手把手地教；给孩子在前方画一条线来提示他要扔的距离；为鼓励孩子尝试，可在线的旁边放一玩具或小食品来作为奖励物	感统、日常
	扶物能单脚站 训练目的：平衡能力 训练要求：孩子能扶着椅子或家长手握的棒子单脚站立约5秒	感统、日常
	平衡木 训练目的：平衡能力的控制。 训练要求：在地板上用不粘胶粘一条2米长10厘米宽的线条让孩子在线条上走	感统、日常
	上、下楼梯 训练目的：增进孩子的平衡能力 训练要求：孩子能一步跨上一个阶梯，连续上或下楼梯	感统、日常
游戏	**动物动作模仿** 1. 虎步：老虎走起路来是慢慢悠悠的，在表演时头部要不时左右扭动以观察周围情况，手脚并用在地板上爬来爬去 2. 象行：大象体重达3吨～5吨，因此步伐要尽量表现出沉重和缓慢的感觉 3. 鹤行：表现出鹤要飞行前的准备动作，双臂张开向前移动 4. 苍蝇洗脸：苍蝇在进食后会用手清洁面部的各个部位，孩子模仿苍蝇的动作，用手触摸脸的各个部位	感统、日常
	彩虹伞游戏（集体） 训练目的： 1. 培养学生的空间知觉，感知分辨里和外 2. 激发学生对身体运动的兴趣	感统、日常

通过将训练内容与游戏和生活实际情境相结合的方式，使涂涂在轻松而有序的环境下接受相应的训练，符合孩子的发展规律，在训练过程中涂涂也比较感兴趣，能够积极地配合。

五、康复训练效果分析

通过这段时间的个别化训练，涂涂在各个方面都有了明显的进步。训练半年后，再次运用《孤独症儿童发展评估量表》对他进行了评估检测（中期），发展得分由64分上升至84分，达到了1岁3个月儿童的能力。其中，粗大运动、认知能力进步很大，模仿、精细动作、生活自理方面有很大发展空间，具体见下表。

	感知觉	粗大动作	精细动作	语言与沟通	认知	社会交往	生活自理
得分	9	18	16	9	8	9	18
能力现状	5个月水平	17个月水平	17个月水平	6个月水平	17个月水平	8个月水平	21个月水平

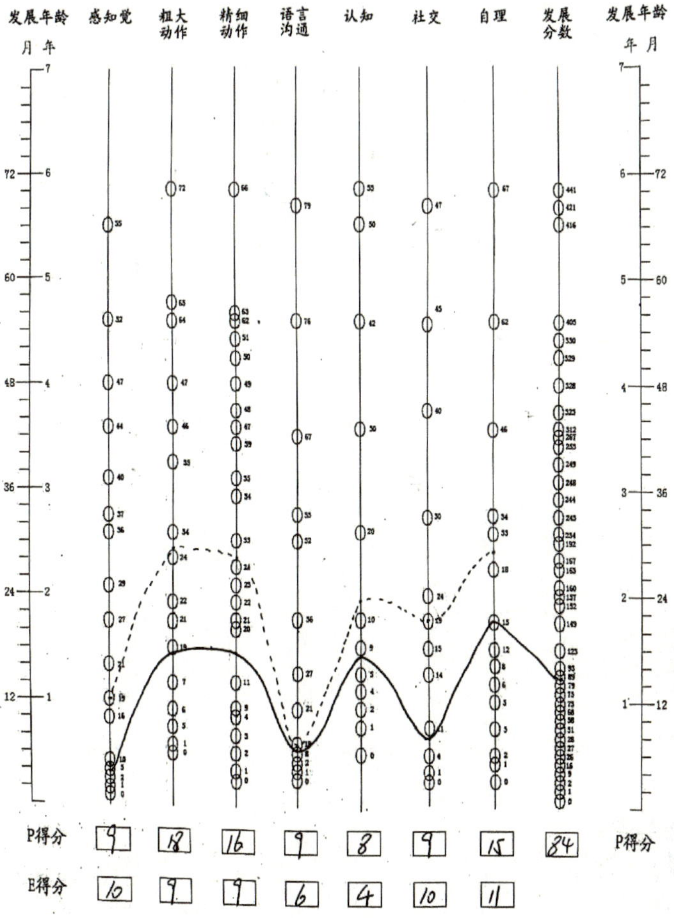

图2　孤独症儿童发展情况剖面图（中期评估）

从开始训练到现在，涂涂逐渐能与人有眼神交流，会听简单的指令完成动作。在运动方面，能进行动作模仿，独立上下楼梯、往返跑、抛接球、端物行走等。在认知方面，能认识自己，能指认常见的日常用品、家用电器等，同时在成功训练完一个项目的时候他会在动作提示下主动和老师拥抱，体会成功的喜悦。家长对学校的康复训练也给予了充分肯定，表示孩子在运动和认知方面有了很明显的进步，现在能认识自己的物品，愿意参与感统课和游戏活动，积极融入生活的能力明显提升。

附录 教学活动设计案例

教学活动设计1 开心 不开心

一、科目

认知课

二、教学对象分析

苗苗班现有10名学生，6男4女。其中，智障儿童5名（1名唐氏综合征，模仿能力较好；2名程度较差，无语言），孤独症儿童5名（情绪差，只有1名孩子有模仿语言），平均年龄4岁。他们的语言表达能力和认知能力都比同龄孩子差很多。

A组：房**（边缘）、蒋**（唐宝宝，单音模仿）、张*（孤独症，单音模仿）

B组：邵**（孤独症，机械式语言）、龚**（孤独症，无语言）、宋**（中度智障，单音）

C组：吴**（重度智障，无语言）、蔡*（孤独症，无语言）、徐**（重度智障，无语言）、王**（孤独症，无语言）

三、教材分析

《开心 不开心》单元主题“认识自己”里的课程。“认识自己”单元选定的内容，都与幼儿的生活经验有关。幼儿通过学习获得的知识都能在实际生活中得到应用。本节课内容是通过多种手段，让幼儿能认识自己的情绪及感觉：开心/不开心，并学习用动作、表情、语言来表达自己的感觉。

四、教学目标

1. 知识与技能

（1）能认识自己的情绪及感觉：开心、不开心。

（2）学习用动作、表情、语言表达自己的感觉。（A组用语言、表情表达，B、C组用动作、表情表达）

2. 过程与方法

（1）逐步学会分清自己的情绪及感觉。

（2）逐步学会用动作、表情、语言表达自己的感觉。

3. 情感态度价值观

能自由表达自己的情感，与他人友好相处，提高社会交往能力。

五、教学重点、难点

教学重点是分清开心、不开心的情绪；教学难点是能正确表达自己的情绪。

六、教学方法

情境教学法、游戏法、多媒体教学法。

七、教学准备

课件、娃娃、表情图。

八、教学过程

1.创设情境，引入新课

教师播放一些婴儿大哭的声音，问幼儿：“噫，这是什么声音呢?”

引导幼儿说出：“是哭声。”

2.新授

环节一：

（1）教师出示一个哭着的娃娃的脸，并播放一些哭的声音。

教师对幼儿说：“娃娃很不开心啊，因为她找不到自己心爱的玩具了！”

（板书：哭→不开心 ）

“小朋友们，你们有什么好办法安慰娃娃呢?”引导幼儿从桌子上拿取一个玩具，表示替娃娃找回心爱的玩具。

（2）教师把娃娃翻过来，出示另一面笑着的脸，并播放一些笑声。

教师对幼儿说：“娃娃很开心，因为小朋友们帮助她找回心爱的玩具了！”

（板书：笑→开心 ）

环节二：

（1）教师出示一些幼儿喜爱的食物，对幼儿说：“老师想请你们吃东西，你们开心吗?”

引导幼儿说：“开心。”

（2）接着教师故意弄翻食物，让孩子们得不到。

再问幼儿：“没有东西吃了，开心吗?”

引导幼儿说出：“不开心。”

（板书：有东西吃→开心

没东西吃→不开心 ）

（3）为了安定孩子们的情绪，教师需拿出另一部分食物给幼儿。

3.巩固学习

教师向幼儿展示哭和笑的面谱。

拿起哭的面谱对幼儿说："不开心时会哭。"

拿起笑的面谱对幼儿说："开心时会笑。"

教师说这些的时候声音和面部表情要配合。

4.表情扮演游戏

教师先示范开心的表情（笑）和不开心的表情（哭）。

让幼儿按教师的指示做出适合的表情。如：教师说开心时，幼儿就要做出笑→开心的表情；说不开心时，则相反。

5.练习

教师给幼儿一些表情卡（开心及不开心）。当教师利用图片说出某种情形或发生某件事时，幼儿便举出适合的表情卡配合。

情形一：妈妈买了好吃的零食。

情形二：爸爸回家亲了亲我。

情形三：肚子疼。

情形四：摔跤了。

情形五：和同学一起玩。

6.作业

教师出示一张一周情绪记录表，请家长协助幼儿在记录表上圈出幼儿每天的情绪。

情绪记录表

星期一	
星期二	
星期三	
星期四	
星期五	

九、教学反思

1. 以生为本，因材施教

在教学中教师能根据学生的不同能力设计活动，应注意照顾学生的个别差异性，根据学生能力的不同提出不同的要求，尽量使幼儿学有所得，学能致用。

2. 发挥学生的主体性

在整个教学活动中，要充分体现学生是学习的主体。每个环节都有让幼儿自己思考的空间和实践的机会。注意充分发挥学生的自主性，这对培养幼儿的自我决策能力和自信的自我表达都非常有帮助。

3. 实用性强

请家长配合做好情绪记录表，及时掌握幼儿的情绪，做好调节，以便更好地进行教学。

（设计者：袁玉翠）

教学活动设计2　我们的手

一、科目

认知课

二、内容分析

《我们的手》是单元主题“认识自己”里的一节课。通过本单元的学习，培养幼儿自我服务的意识和技能，培养幼儿客观向上的积极生活态度。本次活动设计通过一系列有趣的活动环节引起幼儿的兴趣，让幼儿知道小手的作用，并懂得保护小手的方法，激发幼儿多动手、敢动手、热爱劳动。

三、教学目标

1.知识与技能

（1）认识图片并能看图说出图中有什么或者指认出来。

（2）了解身体的部分——一双手。

2.过程与方法

（1）通过直观的教学使幼儿在充分感知的基础上，了解手的重要作用。

（2）通过课堂教学结合生活经验，训练学生的语言表达能力。

（3）由小手延伸到大手，知道手能做很多有益的事情。

（4）教会学生初步保护、爱护手的方法。

3.情感态度价值观

（1）知道手的重要作用，教育学生想动手、敢动手、多动手。

（2）激发他们爱劳动，愿为自己、为他人服务的愿望。

四、教学重点、难点

了解手的简单常识，明确手的重要作用。

五、教学方法

情境教学法、游戏法、多媒体教学法、图片沟通法。

六、教学准备

图片、弹珠、多媒体课件。

七、教学过程

1.创设情境，引入新课

（1）教师："同学们，今天老师为你们带来了一段有趣的视频，让我们一起看看吧！"（教师播放手影视频）

（2）教师："同学们这段手影表演好看吗？你们说说视频里看到的是什么呢？"（手）

（3）教师出示课件：课题"我们的手"。

（4）教师揭示课题：今天我们就来认识"我们的手"。

2.新授

环节一：认识小手，初步了解小手各部分的名称。

教师："现在请同学们伸出你们的小手，让我们一起来认识它吧！"

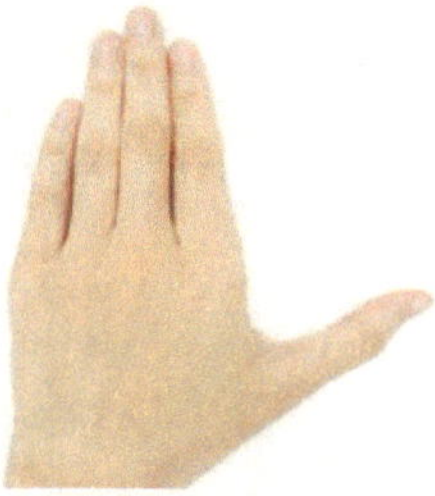

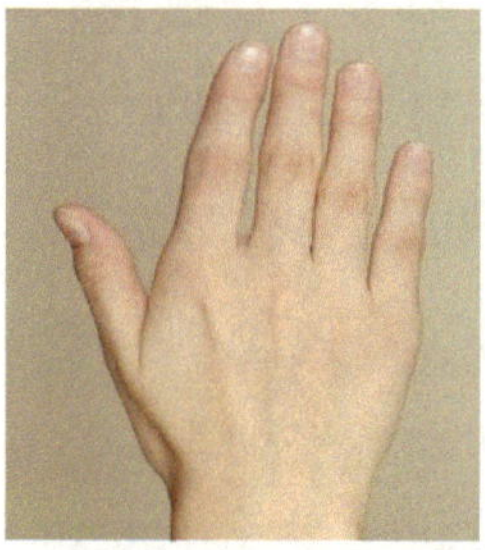

（1）区分左右手。

教师："请同学们看看平时哪只手是写字的手呢？对了，这就是右手！”（老师出示图片）“另一只就是左手！”

师生互动游戏“看谁举得快”！（听老师指令来举左右手，最先完成的同学奖励手环）

（2）认识手心手背。

教师：“我们的每只手都有手心，手心跟手心拍一拍，每只手都有手背，碰一碰。”

师生互动游戏“看谁做得对”！（听老师指令来拍手心和碰手背，完成的同学得奖励）

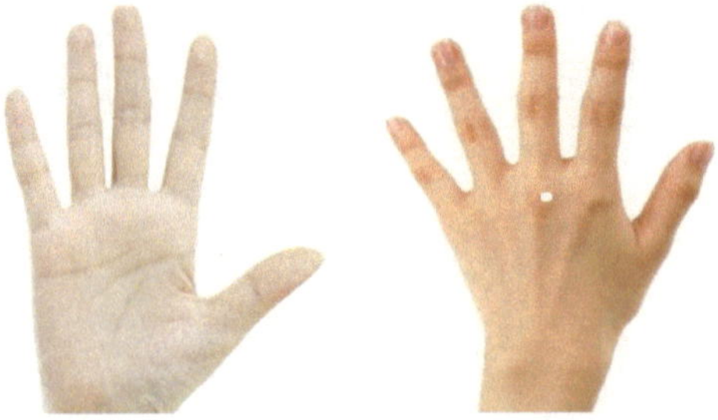

（3）认识手指的名称。

教师：“现在，谁能告诉老师每只手有几个手指头？”（如果不会，让学生动手数一数）每个手指跟我们一样都有自己的名字，你能说出它们的名字吗？让我们一起来认识吧！

环节二：通过游戏，做、看、说等形式引导学生认识到手能做很多事情。

（1）游戏活动“夹弹珠”。（激发学生动手的兴趣，锻炼手部肌肉，促进五个手指的协调性，分组进行比赛）

教师：同学们学得都很认真，下面我们一起来玩个小游戏“夹弹珠”。

将学生分成两组进行比赛，每组成员中能力较好的学生使用筷子夹弹

珠，剩下的同学用手指夹弹珠，获胜组得奖励。（教师边介绍规则边示范操作）

（2）看图说话练习。

教师："我们一起来看一看图中的手在做什么？"（看图学说词语）

写字

洗衣服

洗水果

拎包

（3）边模仿动作边说儿歌练习。

教师："瞧，同学们的手可真能干啊，会做这么多的事儿！现在请大家伸出你们的小手，跟老师一起用手模仿做一些事情，让我们一起学一学！动起来！"

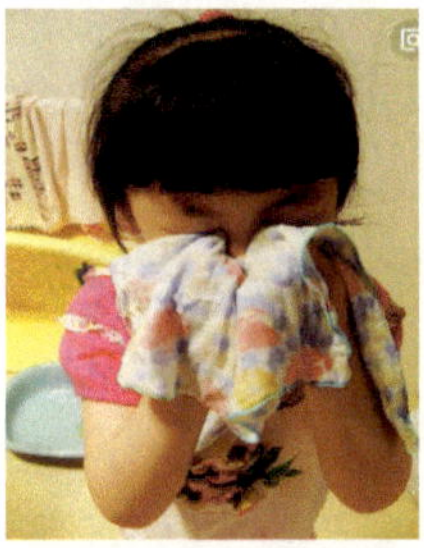
小手小手洗洗脸

小手小手刷刷牙

小手小手写写字

（4）小手变大手，了解手的作用。

教师："同学们真棒，给自己点个赞吧！你们看看小手长大了变成了大手，想知道大人们的手有多能干吗？咱们来看一看……"

看图了解大人们可以用手做很多事，真正了解手的重要作用。

种田

造房子

做菜

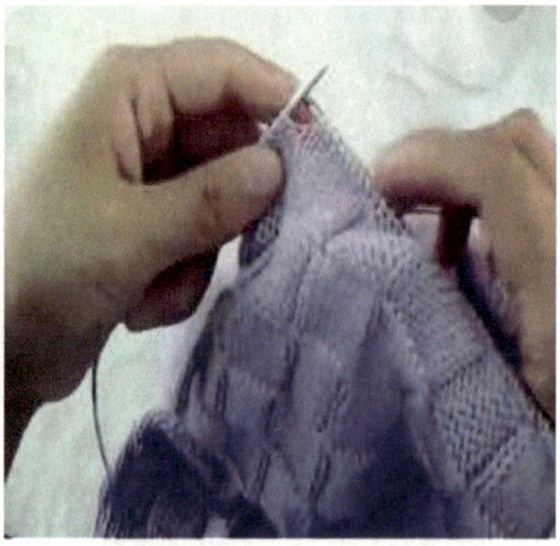

编织衣服

教师："大人们的手可真了不起啊，你们想自己的手也这么能干吗？别着急，只要我们平时多加锻炼，当小手长成了大手，相信它也能像爸爸、妈妈、叔叔、阿姨的手一样灵巧！"

3. 巩固学习

（1）教育学生爱护手，并学习保护小手的方法。

首先，交流讨论如何爱护小手。教师："手真是太重要了，平时我们要保护、爱护自己的小手！同学们你们知道要怎么去保护吗？"

其次，出示图片了解保护小手的方法。

教师："让小手远离危险，插座不能去碰。"

教师："碎玻璃不能用手捡；看到火也要躲开；盛了开水的杯子不能拿。"

教师："天冷要戴手套出门，还要保持小手的清洁。"

4.课堂小结

教师："今天这节课我们认识了手，知道手有很重要的作用！它能做很多事情，同学们你们自己的事情可要自己做哦，别人的事情我们也要帮着做，这样你们的小手会越来越灵活，你们也会越来越能干！"

5.放松活动

边听音乐边玩找瓶盖的游戏。

教师："最后让我们一起来听一首歌吧！"教师教唱《我有一双勤劳的手》。

八、教学反思

本节课采用了多种教学方式来吸引幼儿的注意力，手影表演视频，激发了幼儿的认知兴趣。运用了丰富的游戏教学，赋予课堂以生机，获得了较好的教学效果。游戏活动是特殊儿童学习生活中必不可少的内容，也深受幼儿的欢迎。在课堂教学中，考虑到幼儿的不同认知层次，采用分层教学。在对手的认识中，还结合生活体验来引导幼儿学习。如在看图说话环节中，需要提前了解每个幼儿的表达能力，适时安排练习内容。

（设计者：黎莎）

教学活动设计3 太阳 月亮 星星

一、科目

认知课

二、内容分析

《太阳 月亮 星星》是单元主题“认识秋天”里的一节课。本节课通过多种手段，让幼儿能认识大自然中最常见的自然景象——太阳、月亮、星星，认识太阳、月亮、星星的外形及出现的时间，培养良好的生活作息习惯。

三、教学目标

1.知识与技能

（1）能认识太阳、月亮、星星。（语言表达或指认）

（2）认识太阳、月亮、星星出现的时间。（AB组掌握）

2.过程与方法

（1）逐步学会分清太阳、月亮、星星，知道它们的出现是一种自然现象。

（2）逐步学会用太阳、月亮、星星出现的时间，养成良好的生活习惯。

3.情感态度价值观

知道太阳、月亮、星星的出现是一种自然现象，养成良好的生活习惯。

四、教学重点、难点

认识太阳、月亮、星星及出现的时间。

五、教学方法

情境教学法、游戏法、多媒体教学法、视觉提示。

六、教学准备

课件、图卡。

七、教学过程

1.引入新课

教师出示太阳、月亮及星星图卡，然后唱出儿歌《星星、月亮、太阳》，吸引幼儿注意。

《星星、月亮、太阳》

星星月亮和太阳，白天晚上天空挂，

太阳照我早早起，月亮叫我快上床。

2.新授

（1）让幼儿按所唱的儿歌选出太阳、月亮或星星的图卡作配对。配对后与幼儿一起重唱儿歌。

太阳

月亮

星星

（2）教师出示以下两个道具。

道具一：鞋盒上贴上白色画纸，另贴上公园游乐设施及几个纸娃娃，表示小孩子在公园内游玩。

道具二：鞋盒上贴上黑色画纸，另贴上卧室家具，如床、衣柜及睡在床上的纸娃娃。

（3）出示以下贴纸：

（4）教师示范把太阳贴在道具一上，表示太阳白天在天空中出现，孩子们可以到公园里玩耍；把月亮、星星贴在道具二中，表示月亮及星星晚上在漆黑的天空中出现，孩子们需要上床休息。

3.巩固学习

出示两幅公园图（一幅白天、一幅黑夜）和“太阳、月亮、星星”的贴图。

告诉幼儿一幅图是“白天”，另一幅是“晚上”，让幼儿把“太阳、月亮、星星”按白天和晚上分别贴在适当图画的天空中。

告诉孩子们白天太阳在天空中出现，孩子们可以到公园里玩耍；晚上月亮和星星在漆黑的天空中出现，孩子们需要上床休息。

4.儿歌律动

儿歌《小星星》。

八、教学反思

本次教学活动设计根据单元主题“认识自己”设计的目标出发，结合学生的IEP目标，利用各种因素进行认知教学。依据学生的能力和需求设计不同的活动，提出不同的要求，通过多媒体教学法，在关键的环节给予语言或视觉提示，让学生对教学过程一目了然，知道自己要做什么，怎么去做，做完后有什么结果，每个环节既相互紧扣，又层层递进。让学生在游戏中得到训练与快乐，来提高学生的手眼协调能力、认知能力、语言理解及表达能力。

（设计者：袁玉翠）

教学活动设计4 好吃的香蕉

一、科目

认知课

二、内容分析

《好吃的香蕉》是单元主题“美丽的秋天”里的一节课，主要围绕秋天展开教学，通过学习让幼儿了解秋天里有好吃的水果蔬菜、美丽的植物等，培养幼儿对秋天常见果蔬的喜爱之情，促使幼儿养成不挑食的习惯。

三、教学目标

1.知识与技能

（1）认识香蕉，知道香蕉是水果。

（2）知道香蕉可以直接剥皮品尝。

2.过程与方法

（1）通过视觉、触觉等多感官，分辨香蕉。

（2）通过剥香蕉、品尝香蕉，进一步了解香蕉。

3.情感态度价值观

培养对秋天常见果蔬的喜爱之情，养成不挑食的习惯。

四、教学重点、难点

认识香蕉，知道香蕉是水果，能通过视觉、触觉等多感官，分辨香蕉。

五、教学方法

情境教学法、讲授法、游戏法、多媒体教学法、操作法。

六、教学准备

图片、多媒体课件、布袋、苹果、橘子、香蕉、盘子等。

七、教学过程

1.创设情境，引入新课

（1）点名活动：介绍日期天气和现在的季节，如秋天。

（2）活动双手，手指操《吃水果》，引出今天的水果主题。

（3）出示秋天的魔法袋，请幼儿摸一摸，触觉感知香蕉。

2.新授

环节一：初步认识香蕉。

（1）教师向幼儿展示香蕉实物，初步感知，跟读词语“香蕉”。

（2）视觉观察香蕉的颜色、形状。

（3）教师出示两张水果的图片，请幼儿进行实物与图片的配对。

（4）游戏活动：火眼金睛，找一找香蕉在哪里。

环节二：进一步认识香蕉。

（1）教师出示剥开皮的香蕉，进一步认识香蕉。

（2）教师介绍：香蕉是水果的一种，可以在菜市场和超市的果蔬区买到。

（3）角色扮演游戏：我是水果导购员。

3.巩固学习

（1）布袋游戏：在不同水果中，运用触觉感知分辨出香蕉。

（2）动手做一做：我会剥香蕉。

（3）多感官感知：先闻一闻香蕉的味道，再品尝香蕉。

（4）教师图片展示香蕉的不同吃法。

香蕉味的冰激凌

油炸香蕉

香蕉片

4.课堂小结

教师："小朋友今天我们认识了什么好吃的水果？香蕉，是黄色的，弯弯的像小船。美味的香蕉怎么吃呢？可以剥开皮直接吃，也可以做成甜品。秋天的果蔬都是营养丰富的，小朋友们要多吃水果蔬菜，不要挑食，这样才能健康茁壮成长。"

5.儿歌律动

儿歌《秋天的水果》。

八、教学反思

本节课围绕秋天的水果——香蕉展开教学，运用视、味、嗅等多感官教学，使学生能够更好地认识香蕉、分辨出香蕉。学生对于吃的水果很感兴趣，因此本节课开展得比较顺利，特别是在动手操作和游戏环节，学生情绪高涨。因为是实物操作，美味的香蕉对学生的诱惑比较大，在剥香蕉环节后，就有马上吃起香蕉的同学。在今后教学中会依据学生情况不断改进教具的准备工作。

（设计者：袁玉翠）

教学活动设计5 快乐的一天

一、科目

认知课

二、教学对象分析

苗苗班现有10名学生，6男4女。其中，智障儿童5名（1名唐氏综合征，模仿能力较好；2名程度较差，无语言），孤独症儿童5名（情绪差，只有1名孩子有模仿语言），平均年龄4岁。他们的语言表达能力和认知能力都比同龄孩子差很多。

三、内容分析

《快乐的一天》是单元主题“我的家庭”里的一节课。通过学习，让幼儿知道“家”是自己与家人居住和休息的地方，是躲避危险的地方，是很温暖的地方。家里有爸爸、妈妈，我们要学习爱护自己的家庭，合理安排自己在家中的日常生活。

四、教学目标

1.知识与技能

（1）知道家中的日常（早、午、晚）活动。

（2）依次序合理安排一天的生活，会休闲娱乐。

2.过程与方法

（1）逐步学会分清早上、中午、晚上。

（2）逐步学会合理安排早、午、晚的日常活动。

3. 情感态度价值观

合理安排自己在家中的日常生活，对家人表示爱护和关心。

五、教学重点、难点

合理安排自己在家中的日常（早、午、晚）生活。

六、教学方法

直观教学法、情境教学法、游戏法、多媒体教学法、图片沟通法。

七、教学准备

图片、各种声音、多媒体课件。

八、教学过程

1. 创设情境，引入新课

利用图书介绍书中主角一天（早、晚）的活动情况：早上太阳刚出现，晚上太阳不见了，有月亮和星星。

早上：起床→上学；

晚上：放学→在家中吃晚饭→看电视→上床睡觉。

2. 新授

环节一：

（1）教师向幼儿展示三幅能够代表早上、中午、晚上情境的图片。

早上太阳刚出来

中午太阳升高挂天上

晚上太阳不见了，月亮和星星出来了

（2）教师分给各幼儿早、午、晚图片进行游戏。

当教师对幼儿说“早上”时，幼儿需举起早上的图片；当教师对幼儿说“中午”时，幼儿需举起中午的图片；当教师对幼儿说“晚上”时，幼儿需举起晚上的图片。

（3）教师又出示一个程序插图袋。让幼儿把早上、中午、晚上三幅图依次排放。

环节二：

（1）教师拿起早上的图片问幼儿：“小朋友早上起床后，接着做什么?”引导幼儿说出一天由早至晚的程序，同时配上与之相关的图片。

起床

上学

放学

晚饭

看电视

上床睡觉

（2）教师出示程序插图袋向幼儿介绍。示范按顺序把图卡放在插图袋里。

让幼儿轮流依次序排列由早至晚的图卡：早上起床→上学→午饭→午睡→放学→晚饭→看电视→上床睡觉。

3.巩固学习

教师把日常生活的声响制成CD播放，并配以相关的图片，串连成生活程序的故事。

（1）早上：

闹铃声——早上起床

刷牙声——梳洗时间

关门声——离家上学

（2）晚上：

炒菜声——妈妈准备晚饭

花洒流水声——沐浴时间

熟睡声/时钟声——休息时间

4. 课堂小结

“小朋友要合理安排自己在家中的日常生活，爱护和关心家人，不给他们添麻烦，做一个懂事的好孩子。”

5. 儿歌律动

儿歌《我的家》。

《我的家》

我的家，有爸妈，

爸妈都爱我，

我也爱爸妈。

九、教学反思

本节课紧扣单元主题“我的家庭”的主题目标，帮助学生知道怎样合理安排自己的生活，和家人友好相处，能够让幼儿在固有的认知能力水平上实现自身综合能力的提升。通过步骤分析和工作程序法，利用视觉提示的优势，使学生较容易明白所教授的内容。本节课与生活紧密联系，可以请家长配合，建立长效机制，共同检测学习效果，对低幼儿童情绪控制，提高生活自理能力和生活品质有很多好处。

（设计者：袁玉翠）

教学活动设计6　小红帽的礼物——手套

一、科目

认知课

二、内容分析

本课是单元主题“我的家”里的一节课。学生通过学习认识日常用品和常见的服饰，能够独立指认并挑选衣物，掌握穿衣、梳洗、居家技能，提升生活自理的意识和能力。

三、教学目标

1.知识与技能

（1）能认识手套，独立指认出一双手套，提升认知能力。

（2）指认手套图片，跟读词语“手套”，提升语言表达能力。

2.过程与方法

（1）了解手套的不同款式，知道手套可以保护双手。

（2）学习一双手套的配对，探索如何佩戴手套，提升配对分类能力。

3.情感态度价值观

体验自我服务的乐趣，提升生活自理能力。

四、教学重点、难点

了解手套的不同样式，学习手套的配对以及探索如何戴手套。

五、教学方法

情境教学法、讲授法、多媒体教学法、练习法、游戏法。

六、教学准备

图片、音乐、多媒体课件、不同款式手套、礼物等。

七、教学过程

1. 创设情境，复习导入

（1）点名活动：介绍日期天气、今日课程和本单元主题。

（2）谈话引出："小红帽"收到了外婆的礼物，复习帽子、围巾。

（3）活动双手：完成手指操《雪花飘》。天气这么冷，小红帽也给王老师和小朋友们准备了礼物。

2. 新授

环节一：认识手套。

（1）教师PPT展示礼物盒和手套实物图片，引导幼儿观察图片。

（2）教师出示实物手套，介绍手套，跟读词语"手套"。

（3）触觉感知冬天的手套，看图说一说手套是戴在哪里的。

（4）教师PPT展示不同材质的手套。

环节二：了解手套的不同款式，配对一双手套。

（1）让幼儿自由地观察发现手套的特征：两只（一双）。

（2）教师使用PPT展示手套，有目的地引导幼儿观察。

①比一比：大小不同

②看一看：颜色图案不同

③看一看：款式不同

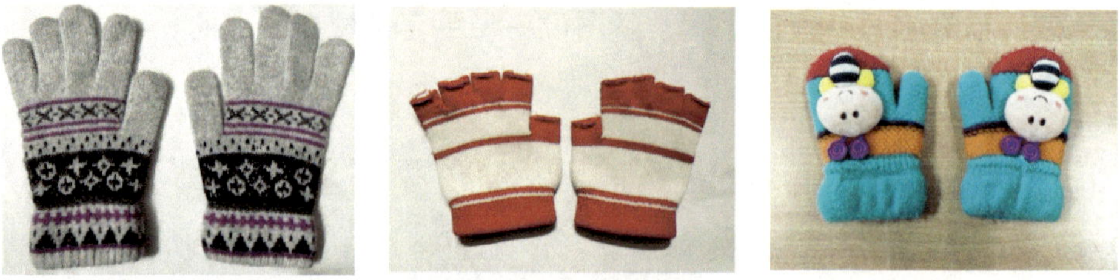

（3）配对游戏：手套找朋友。由实物到图片，逐渐增加难度。

环节三：尝试戴手套。

（1）教师讲解示范正确的戴手套方法，图片展示步骤。

（2）请学生尝试戴手套，教师个别指导。

（3）引导学生说一说怎样戴手套，教师小结要点。

（4）延伸：分指手套的佩戴。

3.游戏活动

给小红帽的爸爸、妈妈挑选手套。

4.课堂小结

教师："今天我们一起认识了手套，它可以保护我们的双手，冬天戴手套有保暖的作用。刚刚小朋友们自己尝试了戴手套，大家都很棒！希望在今后的生活中也能做到自己的事情自己做，成为居家小达人。"

八、教学反思

本次课堂教学内容从实际生活出发，结合冬天的天气特征和本单元主题，选择手套作为教学工具。教学环节清晰明确，学生收到了礼物很开心，能带着愉悦的心情参与课堂各环节。在认识手套环节，采用分层教学，在佩戴手套环节，对部分学生进行了个别辅导。如果能在教学中，穿插播放佩戴手套的视频，对于调动学生的积极性和提升学生的注意力会更好。

（设计者：王珏）

教学活动设计7　洗脸

一、科目

生活自理课

二、内容分析

《洗脸》是单元主题“我的家”里的一节课，本单元选定的单元题目，都与幼儿的生活体验有关。通过学习，培养幼儿自我服务的意识和技能，培养幼儿具有客观向上的生活态度。本节课通过充分学习洗脸的步骤，学会怎样把脸洗干净，激发幼儿多动手、敢动手、讲卫生，学会自己的事情自己做。

三、教学目标

1.知识与技能

（1）了解洗脸的步骤。

（2）教学生学会自己洗脸。

2.过程与方法

（1）通过观察图片，图文结合熟悉洗脸的步骤。

（2）通过练习教师引导学生学习洗脸的方法及注意事项。

3.情感态度价值观

教育学生讲卫生、爱清洁，养成自己的事情自己做的良好习惯。

四、教学重点、难点

了解正确的洗脸方法；明确用香皂要适量，教育学生讲卫生、爱清洁，养成自己的事情自己做的好习惯。

五、教学方法

情境教学法、游戏法、多媒体教学法、图片沟通法。

六、教学准备

教学范图（PPT）；每人备一个脸盆、一条毛巾和一块香皂，并备足清水。

七、教学过程

1. 创设情境，引入新课

教师："小朋友们，你们今天早上都洗脸了吗？那你们知道正确的洗脸方法吗？"请幼儿模仿洗脸的动作。

教师："大家好棒呀！你们喜欢自己的脸吗？每天见面时，大家都会互相打招呼，如果脸没有洗干净，别的小朋友看到了，多不好意思呀！那我们今天就一起来学习洗脸。"

导入课题"洗脸"，出示PPT。

2. 新授

（1）教师出示图片让幼儿认识脸上的各个部位：眉毛、眼睛、鼻子、嘴、前额、下巴、面颊和耳朵。

（2）认识洗脸需要的工具：脸盆、毛巾、宝宝香皂等。

（3）观察并学习洗脸的步骤与方法。

①先把手洗干净。

②将毛巾浸湿，双手把湿毛巾拧一下（不要拧得太干）。

③把脸润湿后，涂上宝宝香皂，用手划圈搓洗，注意闭上眼睛。

④然后用水洗掉脸上的香皂沫，注意清洗脸的各个部位，其中耳朵背面、脖子等处要仔细擦洗。

⑤用手掌托住毛巾，从擦眼角开始在脸上擦洗两遍，眼角、鼻子旁边要重点擦洗，然后再把毛巾放在水中漂洗几下，拧干后擦洗耳朵、耳朵后面和脖子。

⑥最后再洗一洗毛巾，拧干后把脸上各部位的水迹擦干。

3. 巩固学习

（1）教师示范全部动作连贯起来做一遍。

（2）学生分组练习，一组洗脸，一组观察。

（3）教师指导并给予评价（对个别学生辅助），给完成的幼儿发奖励。

4. 课堂小结

这节课我们学习了正确的洗脸方法及步骤，并知道洗脸水温要适当，洗脸时身体向前弯曲，不要把水溅在脸盆外，要节约用水，洗完脸后要保持毛巾和脸盆的干净，等等。

5.放松活动

教师："最后让我们一起互相摸摸小脸吧。"边听音乐边玩"摸摸小脸"的游戏。

八、教学反思

本节课采用情境式教学来吸引幼儿的注意力，互动的游戏活动也深受幼儿喜欢，在课堂中进行实践操作获得了很好的教学效果。在教学中，考虑到幼儿的不同能力层次，采用分层教学。在练习环节中，个别自理能力弱的学生操作时，可以适当简化洗脸步骤，让幼儿获得更好的体验感受。

（设计者：黎莎）

教学活动设计8 快乐的一天

一、科目

音乐课

二、内容分析

《快乐的一天》是单元主题“快乐的节日”里的一节课。通过本单元的学习，使儿童了解各种节日和节日的活动。通过学习，培养幼儿的听辨、记忆和创编能力。培养幼儿安静地聆听音乐，并尝试听音乐时以动作和语言表达活泼欢快的情绪！

三、教学目标

1.知识与技能

（1）安静聆听歌曲《国旗国旗真美丽》和《中华人民共和国国歌》。

（2）学生随乐曲表演，用动作表现自己对音乐的感受。

2.过程与方法

（1）学习的音乐活动，随音乐做自己喜欢的动作进教室。

（2）通过练习随歌声或乐曲进行互动，初步做到准确。

3.情感态度价值观

（1）会边唱歌曲边自编动作表演，记住同学的名字，与同学和睦相处。

（2）教育幼儿听国歌时行注目礼，专注庄重；鼓励幼儿用自己的方式庆祝国庆节，培养幼儿的爱国主义情操。

四、教学重点、难点

以动作的方式表达自己对音乐的感受，初步做到准确。

五、教学方法

讲授法、演示法、情境法、练习法音乐欣赏法、体态律动法。

六、教学准备

音乐、音响、节日图片。

七、教学过程

1.创设情境，引入新课

教师："小朋友们，我有一种神奇的魔术，能把大家变成快乐的小鸟。你们想不想变成小鸟呀？（想）我要开始变啦，变变变！"

（教师给小朋友们发小鸟的头饰。）

教师："快乐的小鸟们让我们一起飞呀飞呀！"

（播放音乐，组织学生走线模仿小鸟飞。）

教师："快乐的小鸟们，你们要飞到哪里去啊？马上要上音乐课啦，大家快跟着老师一起飞到自己的座位上吧！"

（安顿幼儿后随音乐律动"拍一拍"。）

教师："大家和我一起拍拍小手和小腿！"

2.新授

（1）发声练习，教师带领孩子练唱。

练声曲： 1 2 |3 4 |5 — | 5 4 | 3 2 | 1 — ‖

啦 啦 啦 啦 啦 啦 啦 啦 啦 啦。

（2）聆听歌曲：《中华人民共和国国歌》。出示图片引导幼儿了解升国旗时奏国歌的情境。听到国歌响起时，自己应该怎么做？

（3）出示图片：认识国庆节。10月1日国庆节，是中华人民共和国的生日，是全国人民共同庆祝的节日！

（4）出示图片：认识国旗——五星红旗。

（5）欣赏歌曲：《国旗国旗真美丽》。

老师示范朗读歌词，学生边拍手边按节奏跟老师一起朗读。老师示范演唱，学生模仿跟唱。

3.巩固学习

（1）随音乐分组练习打节奏。一组学生拍手，一组学生拍腿。

（2）组织学生随音乐进行动作创编表演。

（3）教师指导并给予评价发奖励。

4.课堂小结

教师："这节课我们学习了歌曲《国旗国旗真美丽》，认识了国旗，还聆听了国歌。以后小朋友们在听到国歌时，要闭上小嘴巴，安静下来认真地聆听哦!"

八、教学反思

本节课尝试运用多种方法来提高幼儿对音乐学习的兴趣。鼓励幼儿积极主动地通过观察发现来感受律动之美，幼儿喜欢随音乐互动。音乐与社会生活有着十分密切的关系，而且具有重要的社会功能，因此在教学中音乐与相关文化知识也是学习的重要内容，但要结合幼儿的认知水平进行潜移默化地引导。

（设计者：黎莎）

教学活动设计9　有趣的圆形

一、科目

认知课

二、内容分析

《有趣的圆形》是单元主题“我是芜湖美食家”里的一节课，主要是让儿童从感知上认识圆形，认识各种颜色、大小的圆形图案，让儿童认识生活中的圆形，在认识圆形的基础上，结合自己的理解绘制常见的圆形实物，从而让幼儿对生活中的事物感兴趣，愿意探索。

三、教学目标

1. 知识与技能

让儿童通过观察和摆弄实物，初步认识圆形，感知圆形的特征，认识生活中的圆形实物。

2. 过程与方法

通过动手摆弄与操作，培养幼儿主动观察和探索的能力，给儿童大量的视觉体验和动手操作机会。

3. 情感态度价值观

对多彩的事物感兴趣，体会到形状与实际生活的关系。

四、教学重点、难点

通过观察教师出示的各种圆形和“多感官教室”的各种圆形，让幼儿感知圆形特点：圆圆的、没有棱角，并用双手摆弄圆形。

五、教学方法

讲解法、游戏法、演示法、练习法。

六、教学准备

多感官教具、多媒体课件、套圈玩具、圆形图卡大小多色。

七、教学过程

1.教师导入

教师："小朋友们好，今天这节是认知课，我们这个单元学习的是芜湖的各种小吃，你们看看这个是什么（出示图片：麻球），麻球是什么形状的呢，今天我们就来学习认识一个新的图形。"

（1）放松活动。手掌摩擦，放置于双眼上，闭目，每个动作8拍。教师出示玩偶，要求幼儿保持头部不动，与幼儿一同练习闭眼、睁眼、上下瞧、转眼睛、闭眼。

（2）诱导活动。（配乐）故事导入："在很远很远的地方有一座神奇的魔法城堡，里面有着许多很好玩的玩具，每当魔法城堡的国王过生日的时候，他就会邀请表现最好的小朋友到他的魔法城堡里做客。今天又到了国王的生日，他想邀请在座的小朋友去城堡玩，因为你们都是表现最好的孩子，你们想去吗？"

"进入城堡大门，看看国王首先给我们带来的是什么玩具呢？"出示（小象套圈玩具），自己玩玩看，这个圈看起来圆圆的，摸上去也没有尖尖的角，这就是圆形，用手摸摸看。

教师："老师也准备了一个圆形，这个圆形还可以滚动呢。"

（3）看PPT：圆形。

2.习得阶段（音乐）

（1）荧光彩帘：将荧光彩帘弯曲成圆形，先引导幼儿观察这是什么形状，再请幼儿先看看，自己动手将彩帘弯曲成圆形。

（2）幻彩光纤：将幻彩光纤弯曲成圆形，引导儿童观察并表达：这也是圆形，让儿童自己将幻彩光纤弯曲成圆形。

（3）荧光画：教师在荧光板上画上几个任意大小的圆形，让儿童说说这是什么图形，鼓励儿童独立在板上画圆形，并互相欣赏各自绘制的圆形。

除了这些东西是圆形的，生活中还有许多东西是圆形的，如圆形的饼干、圆形的光盘、圆形的硬币、圆形的纽扣、圆形的盘子，等等。

圆形还可以制作好看的图形呢！教师出示一块黑板，拿出准备好的各色圆形图案，示范如何用这些不同颜色的圆形拼成一条毛毛虫，鼓励儿童独立完成。

3.巩固阶段

看了这么多的圆形，我们来看看多媒体上有哪些圆形：（多感官素材观看）圆形的变化、大小不同的圆形、生活中的圆形。

4.提高阶段

教师："国王看见我们的小朋友都能认识圆形，想请大家帮个忙。"

（1）找出圆形。国王有许多圆形的小玩具，都混在各种形状里，你们能帮忙找出来吗？

（2）拼圆形。国王有许多的圆形玩具被弄坏了，你能帮忙修理一下吗？

（3）走圆形。（配乐）看看，这个是什么形状？让我们踩着这些圆形到达城堡的最里面吧！

5.课堂小结

教师："今天，我们认识了圆形，知道了圆形是圆圆的、没有尖尖的角，回家后，请你们找找家里哪些东西是圆形的，哪些好吃的也是圆形的。"

八、教学反思

本节课的主要内容是通过各种感官，初步认识圆形，在授课中，教师精心设计了PPT和教学活动，合理运用了多感官教室的器材，课堂教师学生互动活泼，教学效果良好，达到了预期的教学目的，教师还特别注重智力落后和孤独症儿童语言表达能力的培养。不足之处：教师由于课程内容设计的比较丰富，所以课堂节奏稍快，虽然儿童掌握的情况良好，但若能放慢一些速度可能会更好。

（设计者：刘寒）

教学活动设计10　神秘的客人——小鸭子

一、科目

认知课

二、内容分析

《神秘的客人——小鸭子》是单元主题“我是芜湖小导游”中的一节课。要求学生通过学习认识生活中常见的动物，同时能够关心关爱小动物，平等对待每一个生命。

三、教学目标

1.知识与技能

（1）能在语言引导下找出鸭子的图片，跟读词语“鸭子”，提升认知能力。

（2）模仿进行鸭子叫的发声练习“嘎嘎嘎”，提升对口舌部的控制能力。

2.过程与方法

（1）初步按从头到尾的顺序观察，感知小鸭子的主要外形特征：扁扁的嘴巴、扁扁的脚掌。

（2）通过视频和游戏活动了解小鸭的生活习性：喜欢在水里游，长大后吃鱼虾。

3.情感态度价值观

激发幼儿关心热爱小动物的情感，在生活中与它们友好相处。

四、教学重点、难点

感知小鸭子的主要外形特征：扁扁的嘴巴、扁扁的脚掌；了解小鸭的生活习性：喜欢在水里游，长大后吃鱼虾。

五、教学方法

情境教学法、多媒体教学法、游戏法。

六、教学准备

图片、音乐、多媒体课件、玩偶、钓鱼玩具、头饰等。

七、教学过程

1.创设情境，激发幼儿观察兴趣

由现实生活中的下雨天情景抛出观察线索，地面上留下了它的脚印。引导幼儿跟着脚印找到藏起来的小客人，引出主题：神秘的客人是小鸭子。

2.新授

环节一：积极探索，观察感知小鸭的主要外形特征。

（1）PPT展示小鸭子实物图片，通过“和新朋友相互认识”这一情境，引导幼儿观察图片。

（2）整体观察小鸭子的外形由PPT展示图片到小鸭子玩偶实物，通过摸一摸、指一指鸭子玩偶的眼睛、嘴巴、翅膀、脚掌等部位，让孩子都能参与其中，加深其印象。

（3）通过小组比拼：小鸭子拼图游戏，加深对小鸭外形特征的印象。

（4）教师出示和不同小动物的合照，让学生运用感知的外形特征，找出小鸭子。

①从外形差异较大的两个动物图片中找出小鸭子。

②从差异较小的动物（小鸡和小鸭）图片中找出小鸭子。

③先给予视觉提示，再逐步加大难度，由实物图片转变为卡通形象辨别。

环节二：通过视频和游戏活动，感知小鸭的生活习性。

（1）教师播放视频，引导幼儿了解小鸭子的生存环境：在水里游泳。

（2）教师提问："小鸭子开心的时候怎么叫？""嘎嘎嘎~"教师播放音频，进行模仿发音练习。

（3）教师播放视频，引导幼儿了解小鸭子的生活习性：喜欢吃鱼虾。

（4）通过图片找不同，引出角色扮演钓鱼游戏。巩固小鸭子的生活习性知识点，提升学生的手眼协调能力。

3. 儿歌律动

儿歌《小鸭子》。

将学生思绪拉回课堂，过渡到下一环节。

4. 课堂小结

教师：”小朋友们，我们今天的小客人是谁呀？（小鸭子）小鸭子有扁扁的嘴巴和扁扁的脚掌，它的脚趾是连在一起的，它喜欢在水里游泳、吃小鱼、小虾。它们那么可爱，小朋友们在平时的生活中一定要爱护它，爱护小动物哦。“

八、教学反思

本次课堂教学内容从常见动物小鸭子出发，较好地抓住了教学重点。课堂开始的玩偶吸引了大部分学生的目光，但在整体感知小鸭子的外形特征环节，主要是由老师引导说出来，学生的自主表达不够透彻。模仿鸭子叫声环节，“唐宝宝”能参与积极，游戏环节学生们都比较积极主动地参与到课堂教学中来。本次课堂教学中一名孩子比较调皮，小动作较多，在今后的训练中应多加强常规训练。

（设计者：王珏）

教学活动设计11 牵着小牛去散步
——单人滑板牵引

一、科目

感统训练

二、内容分析

《牵着小牛去散步》是单元主题“我是芜湖小导游”里的一节课，主要是让儿童以俯卧、盘腿坐、立跪的姿势在滑板上保持前进、转圈运动的平衡，由于孤独症儿童和智障儿童很多都存在前庭平衡觉失调的现象，将身体协调与平衡训练互相结合，以游戏活动的形式开展感觉统合训练，可以提高儿童社会交往能力和动作协调能力，对运动有信心。

三、教学目标

1. 知识与技能

儿童能以俯卧、盘腿坐、立跪的姿势在滑板上保持前进、转圈运动中身体的平衡。能拉住绳子带动俯卧在滑板上的儿童前进、转圈。

2. 过程与方法

调节前庭感觉、触觉、本体感，引发平衡反应，能在与人互动游戏中提升社会交往能力。

3. 情感态度价值观

让幼儿体会运动的快乐，与同伴合作的喜悦，以及对自己身体掌控的自信。

四、教学重点、难点

儿童能以俯卧、盘腿坐、立跪的姿势在滑板上保持前进、转圈运动中身体的平衡。

五、教学方法

讲解法、游戏法、演示法、练习法。

六、教学准备

滑板、绳子、地板上贴好直线。

七、教学过程

1.教师导入

“小朋友们好，今天这一节是感觉统合训练课，我们这个单元是《我是芜湖小导游》，小朋友们学习了各种本领就可以去郊游啦，今天让我们找个小伙伴一起去玩吧！”

（1）活动身体。

①教师点名，点到名字的幼儿上前拍一下教师手中的小球。

②排队：幼儿按照顺序排队。

③沿直线行走：幼儿排好队伍，沿着地上画好的直线行走。

（2）模仿操：我的小手和小脚。教师示范手部和脚部的动作，幼儿模仿。

2.新授

（1）教师出示滑板，滑板上有一只小牛玩偶：“今天我们请来了小牛和我们一起做训练，先来看看小牛是怎样趴在滑板上从大滑梯上滑下来的。”

（2）每个幼儿排好队伍，按照顺序在大滑梯上用滑板做5个滑下的动作。要求：头抬高，双脚伸直，双手自然放在滑板两次，眼睛看前方。

（3）游戏：牵着小牛去散步。

首先，教师讲解并示范动作：小朋友们看看小牛是怎么趴在滑板上的，老师用绳子拉动小牛前进，小牛能稳稳地趴着不掉下来，你们想试试么。

其次，邀请幼儿上来扮演小牛，俯卧在滑板上，用手拉着绳子，教师牵动绳子，带动趴在滑板上的儿童前进，鼓励幼儿保持身体平衡，手握住绳子不能放松。

然后，让儿童个别做练习活动，教师巡回指导。

最后，邀请二名幼儿，一名幼儿牵着绳子，另一名幼儿扮演小牛前进。教师示范拉动趴在滑板上的儿童转圈，请儿童分别练习。

3.巩固阶段

（1）将幼儿分成两组进行比赛，看看哪一组合作的最好。

（2）将儿童排好队伍绕障碍物前进。

4.提高阶段

（1）教师："刚才小朋友们玩得开心么，除了可以趴在滑板上，还可以坐在滑板上、跪在滑板上，谁想试试看？"儿童分组练习盘腿坐、立跪滑板牵引前进与转圈。

（2）放松活动：《动物模仿操》。

5.课堂小结

教师："今天，我们和小牛一起做了很多的活动，大家玩得开心么，希望大家能够多多运动，这样才能拥有健康的身体。"

八、教学反思

本节课一改往日感统训练的传统方式，游戏的方法激发了儿童的积极性，课堂气氛活跃，儿童能高兴地参与到训练中，教学效果良好。精心设计的每个练习环节，环环紧扣，使得儿童一直保持着运动的新鲜感，然而由于气氛过于活跃，使得课堂纪律稍显混乱，下课时，延伸活动部分没有全部完成。

（设计者：刘寒）

教学活动设计12　人民币的认识

一、科目

认知课

二、内容分析

《人民币的认识》是单元主题“我是芜湖小买家”里的一节课，钱币在生活有着很重要的作用，与儿童的日常密切相关。本节课主要是让儿童认识人民币，知道买东西需要用钱，出去就餐、旅行也要用钱，在此基础上能认识一些常见的人民币，爱惜钱币，体会钱币在生活中的作用。

三、教学目标

1. 知识与技能

知道买东西要用钱。认识面值为1元、5元、10元的人民币。

2. 过程与方法

在认识人民币、购物等活动中，了解钱币的作用。爱惜人民币，不损坏人民币。

3. 情感态度价值观

培养学生学习数学的兴趣和解决问题的能力。知道父母挣钱的辛苦，不对家人提出不合理的购物要求。

四、教学重点、难点

知道买东西要用钱，认识面值为1元、5元、10元的人民币。

五、教学方法

讲解法、游戏法、演示法、练习法。

六、教学准备

PPT，人民币（1元、5元、10元），各种购物游戏道具等。

七、教学过程

1.教师导入

教师："小朋友们好，今天这节课，老师要带大家认识一个和我们生活关系非常密切的朋友。它是谁呢？先保密，今天课的开始老师想问大家，有没有去买过的东西，你都是在哪里买东西的，你是怎么买东西的？买东西的过程是怎么样的？"请儿童谈一谈自己购物的经历。

"老师昨天去超市买酸奶（边说边打开PPT），走入超市大门，到了卖场入口乘坐电梯，来到货架，选好了酸奶，去收银台结账，你们知道结账的时候要付给收银员什么？对，买东西要给钱。钱是用来买东西的，可以用来买吃的、喝的等，在我们国家使用的钱叫作——人民币。"

2.新授

（1）"为什么买东西要用钱，而不用别的东西，在很久以前，人们买东西用的也是和我们现在一样的人民币吗？"看一段小视频《人民币的发展》。"原来啊，经历了这么长时间才有了今天我们使用的钱币。"

（2）"看，这就是我们国家使用的人民币。这些都是人民币，把它们都放进钱包里面，实在是太乱了，怎么给它们分类呢？"说说你是怎么分的，请一个小朋友上来分分看，再来看看老师是怎么分类的。"大家分得都很好，一边放纸做的钱币，一边放硬币，这样分一下，钱包就整齐了。"

（3）认识1元：1元人民币上有什么，大家看一看，找一找：硬币上面写了一个1和国徽，纸币上也有数字1，反面有国徽。

（4）同样的方式认识5元、10元人民币。

3. 巩固阶段

（1）认识钱币。

1 元　　5 元　　10 元

（2）你还认识我吗？从钱币的一部分辨别人民币面值。

（3）人民币与实物连线。

10 元

1 元

5 元

（4）小游戏：购物。

老师扮演售货员，幼儿扮演顾客，小超市开始营业了，儿童用手中准备好的钱币教具来购买货架上的物品。

4.提高阶段

（1）无论买吃的，还是喝的穿的，都是要付钱的，看看图片上小朋友在做什么？对，我们去游乐场、吃饭、去动物园也都需要钱。我们还可以用钱来帮助有困难的人。

（2）拓展知识：欣赏世界各国的钱币。

八、教学反思

本节课主要教学内容是认识1元、5元、10元面值的人民币，在课堂教学中，教师运用多种教学手段让儿童认识人民币，知道钱币与实际生活的关系，设计了精美的课件，课堂气氛活跃，儿童对教学内容掌握的比较扎实。后面的拓展部分更是使课堂气氛达到了高潮，但是由于课程内容较多，所以课堂节奏稍快，有些地方给儿童练习的时间不够充足。

（设计者：刘寒）

参考文献

1. 林丽英. 学前发展性课程评量指导手册[M]. 台北:心理出版社,1998.

2. 林素贞. 如何拟定"个别化教育计划"给特殊教育的老师与家长[M]. 台北:心理出版社,1999.

3. 林崇德. 发展心理学[M]. 杭州:浙江教育出版社,2002.

4. 茅于燕. 智力落后儿童早期教育手册[M]. 北京:人民教育出版社,2003.

5. 刘全礼. 特殊教育导论[M]. 北京:教育科学出版社,2003.

6. 方俊明. 特殊教育学[M]. 北京:人民教育出版社,2005.

7. 陈静,杨己洁,朱静芸. 生活取向的幼儿园班本课程[M]. 南京:南京师范大学出版社,2005.

8.K.E. 艾伦,I.S. 施瓦兹. 特殊儿童的早期融合教育[M]. 周念丽,等译. 上海:华东师范大学出版社,2005.

9. 余震球. 维果茨基教育论著选[M]. 北京:人民教育出版社,2005.

10. 王振宇. 儿童心理学[M]. 南京:江苏教育出版社,2006.

11. 王坚红. 学前儿童发展与教育科学研究方法[M]. 北京:人民教育出版社,2006.

12. 邵智,施鸣鹭. 婴幼儿心理行为保健[M]. 重庆:重庆出版社,2007.

13. 朴永馨. 特殊教育学[M]. 福州:福建教育出版社,2007.

14. 王辉. 特殊儿童教育诊断与评估[M]. 南京:南京大学出版社,2007.

15. 刘春玲,江琴娣. 特殊教育概论[M]. 上海:华东师范大学出版社,2008.

16. 张文京. 特殊儿童早期干预理论与实践[M]. 重庆:重庆出版社,2010.

17. 杨广学. 特殊儿童的心理治疗[M]. 北京:北京大学出版社,2011.

18. 王明晖,左志宏. 0~3岁婴幼儿认知发展与教育[M]. 上海:复旦大学出版社,2011.

19. 杜晓新.特殊儿童认知能力训练的原理与方法[M].上海:华东师范大学出版社,2012.

20. 张文京.特殊儿童早期干预支持系统建设[M].杭州:浙江教育出版社,2013.

21. 张茂林,杜晓新.特殊儿童认知训练[M].南京:南京师范大学出版社,2015.

22. 王和平.特殊儿童的感觉统合训练[M].北京:北京大学出版社,2017.

23. 王金元,何侃.特殊儿童心理健康教育生态化支持系统的建构[J].南京特教学院学报,2008(3).

24. 谈秀菁.0—6岁特殊儿童教育体系建构策略研究[J].中国特殊教育,2009(8).

25. 邓猛,郭玲.西方个别化教育计划的理论反思及其对我国特殊教育发展的启示[J].中国特殊教育,2010(6).

26. 黎莉.关于智力障碍儿童早期教育的探讨——陈鹤琴儿童教育观的启示[J].文学教育,2010(6).

27. 贾婵娟.美国特殊儿童早期干预模式[J].现代特殊教育,2011(1).

28. 刘新学.特殊儿童早期干预的社会支持研究[J].太原城市职业技术学院学报,2011(8).

29. 徐德荣.特殊教育社会支持系统的建立和运作[J].现代特殊教育,2012(1).

30. 苏雪云,胡冰.英国自闭谱系障碍儿童的早期家庭干预[J].幼儿教育,2012(3).